AF342840

A D R I E N   B E R N H E I M

Trente ans
de Théâtre

(4ᵉ SÉRIE)

PARIS

ALPHONSE LEMERRE, ÉDITEUR

23-33, PASSAGE CHOISEUL, 23-33

M DCCCCVIII

Trente ans
de Théâtre

ADRIEN BERNHEIM

Trente ans de Théâtre

(4ᵉ SÉRIE)

PARIS

ALPHONSE LEMERRE, ÉDITEUR

23-33, PASSAGE CHOISEUL, 23-33

M DCCCCVIII

Février 1908.

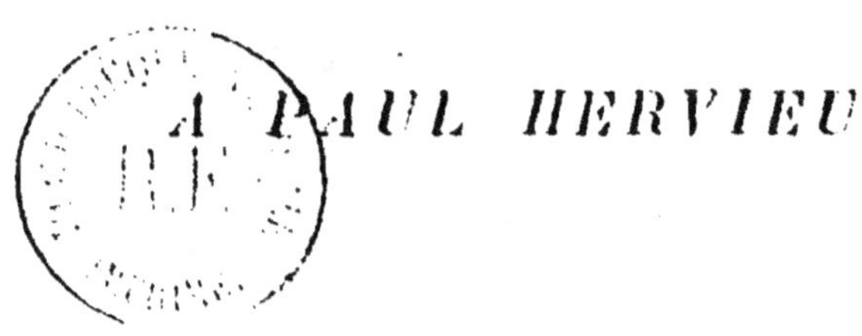

A PAUL HERVIEU

Mon bien cher ami,

Voici la quatrième série de Souvenirs portant le nom d'une œuvre que vous avez aidée à naître, à vivre et à grandir.

Permettez-moi aujourd'hui de placer votre nom en tête de ce petit livre que vous avez recommandé à votre excellent éditeur Monsieur Lemerre; permettez-moi en même temps d'exprimer publiquement mon admiration à l'écrivain et d'assurer l'ami de mon affection profondément reconnaissante.

ADRIEN BERNHEIM.

Trente ans de Théâtre

Octobre 1905.

Vers l'Amour

Vous allez nous donner cette semaine, mon cher Antoine, une comédie nouvelle de Léon Gandillot. Vous en pensez, je le sais, le plus grand bien : vous la montez avec joie, avec amour; dès la première heure vous avez cru à sa réussite et vous avez communiqué votre belle confiance non seulement aux interprètes, mais, ce qui n'est pas une chose très facile, à l'auteur lui-même. Il me souvient que cet été, par une gaie matinée de juin, je vous aperçus dans les environs de Saint-James, escorté de photographes munis de leurs appareils et de quelques très charmantes femmes qui, paraît-il,

n'étaient autres que vos pensionnaires. Je
m'imaginais que vous vous disposiez à fêter,
dans quelque cabaret des Lacs, la centième
d'un de vos derniers succès... Point du tout!
Vous alliez, tout simplement, prendre la vue
d'un tout petit étang du bois de Boulogne :
vous prépariez ainsi sur place un des décors
de *Vers l'Amour* — oh! le titre séduisant! En
directeur avisé, vous exigiez que décorateurs,
interprètes et machinistes fussent là... Vous ne
concevez pas que la lecture d'une pièce se fasse
devant les seuls comédiens ; vous n'admettez
pas que le décorateur du troisième tableau
assiste à la lecture de ce seul tableau ; vous voulez que tout votre monde soit groupé autour de
vous et que chacun comprenne exactement le
rôle qui lui incombe. Quand on songe que
dans certains théâtres les décorateurs reçoivent
leurs commandes par l'intermédiaire du second régisseur! Amable, l'excellent Amable,
me disait un jour avec cette exquise modestie
que vous lui connaissez :

— Ce qui complique parfois notre tâche,
c'est que nous manquons de renseignements...
Vous accusez les directeurs, mais ce ne sont
pas toujours eux les vrais coupables... Beaucoup d'écrivains, dans la crainte d'une indiscrétion, nous interdisent l'entrée du théâtre le
jour de la lecture de leur pièce...

Vous combattez ces tendances, mon cher Antoine, vous répudiez ces mœurs et vous avez cent fois raison. Parmi toutes les réformes que vous cherchez à introduire chez nous, celle qui consiste à travailler sur place, et en commun, à l'exécution d'une œuvre est, à coup sûr, une des plus urgentes. Les décorateurs sont des collaborateurs auxquels il convient de rendre le rang qui leur est dû, et je pense qu'Amable ou Jambon, Carpezat ou Jusseaume, Lemeunier ou Ronsin ont tout autant de talent que les plus aimés de nos comédiens. Je souhaiterais même que notre indulgente critique parisienne, le lendemain d'une première, décernât à ces maîtres de la décoration théâtrale quelques mentions plus qu'honorables et se rendît un compte précis de la situation qui leur est créée. Six, huit, dix décorateurs tout au plus, gagnent leur vie, mais, à côté des maîtres, que d'élèves pleins de talent se désespèrent! Je ne sais pas de métier plus ingrat...

Vous nous préparez donc un joli décor représentant l'étang de Saint-James, mais vous vous doutez bien que l'annonce d'une comédie de Gandillot dans votre théâtre nous réjouit pour d'autres raisons.

Antoine et Gandillot, Gandillot et Antoine... Quelques gens souriront en songeant à cet accouplement... Certains, vous ne l'ignorez pas,

certains collègues naturellement, vous font passer, non sans malice, pour un révolté qui ne
veut rien entendre... De même pour Gandillot... On s'ingénie à rappeler les retentissantes séances annuelles de l'assemblée générale des auteurs dramatiques où le rapport était
voté à l'unanimité moins une voix, qui n'était
autre que celle de l'auteur des *Femmes collantes*.

La vérité, c'est que vingt années ont passé
depuis le jour où nous applaudissions *Sœur Phi-
lomène*, en l'étroite salle de l'Élysée-des-Beaux-
Arts, et où, feuilletoniste sévère et injuste,
j'appréciais gravement vos essais du théâtre
Montparnasse. Je me refusais, suivant l'exemple
de mon vieil ami et distingué chef de file, Léon-
Bernard Derosne, à discuter des ouvrages qui
ne devaient être représentés qu'une seule fois
devant un public d'abonnés et d'invités, et vous
reconnaîtrez que cette théorie était tout de
même parfaitement défendable... Mais je me
gardais bien de contester que vous nous débar-
rasseriez un jour d'un tas de vieilles formules
d'une dramaturgie surannée. L'évolution s'est
faite peu à peu ; les réfameurs du théâtre ont dû
renoncer à leur système ; tout s'est tassé, tout
est rentré dans l'ordre, et vous-même, qui naguère partiez en guerre contre les dieux de l'art
dramatique, vous confessez doucement aujour-
d'hui à un interviewer indiscret que vous aimez

la Comédie-Française, ses auteurs et ses interprètes... Vous avez, nous avons tous deux vingt ans de plus, mon cher Antoine : les dieux révérés ne sont plus les mêmes. Nous non plus ! Quelques éternels mécontents entretiennent la légende de l'Antoine révolutionnaire... Mais le public — le grand public — sait ce que vous avez fait de ce théâtre des Menus-Plaisirs, naguère voué à la banqueroute... Vous y avez appelé des écrivains qui vous restent fidèles ; vous y avez formé des artistes ; vous y avez constitué une solide troupe d'ensemble ; vous avez fondé un répertoire admirable, et vous repoussez ces engagements « à la pièce » contre lesquels les comédiens syndiqués ne sauraient trop protester ; en cela vous êtes franchement revenu aux traditions d'autrefois, qui étaient les bonnes... Non ! il n'est pas possible qu'un comédien, qui joue une pièce quinze fois après l'avoir répétée durant six semaines, touche quinze feux de représentations et n'ait pas un sou d'indemnité pour ses répétitions. Il y a là une flagrante injustice qui se poursuit en certains théâtres...

Mais si l'Antoine de l'Élysée-des-Beaux-Arts a mis un peu d'eau dans son vin, Gandillot n'est plus, lui non plus, celui de l'ancienne légende.

Il ne vient plus aux assemblées annuelles déposer dans l'urne son bulletin de protestation ; il ne lance plus ces formidables boutades qui lui valaient les foudres présidentielles ; le trust a ses partisans, et il contemple, impassible, la bataille. M. Raymond Poincaré, en cette admirable plaidoirie qui restera comme un monument de notre histoire du théâtre, rend hommage à sa courageuse indépendance ; MM. Millerand et Signorino rappellent ses démêlés avec la Commission et reprennent ses théories sur le domaine public et les billets d'auteurs. Rien n'y fait ; Gandillot se tait et ne tire pas vanité de cette revanche que lui offrent les maîtres de notre barreau.

C'est à cette même barre qu'il y a neuf ans le même Gandillot se présentait. L'avocat des auteurs, M⁰ Huard, ne pouvant attaquer la bonne foi de son adversaire, s'était tiré d'embarras en donnant à certaines questions accessoires des développements inusités : on avait plaidé durant de longues heures, et le président s'apprêtait à remettre les débats à huitaine lorsque Gandillot, exaspéré, se leva et prit la parole. Ce fut un vrai coup de théâtre... En quelques mots cinglants, il répondit à l'avocat et remit tout au point.

— Oh ! je sais bien que j'ai perdu mon procès, dit-il gaiement au sortir de l'audience... Mais j'ai aussi perdu deux ans de ma vie avec cette affaire, ajoutait-il, s'adressant à notre

pauvre ami Gustave Roger qui n'en revenait
pas. Je leur ai tout de même dit ce que j'avais
à leur dire!...

Il l'avait dit, en effet, et excellemment. Le
malheur, c'est que la lutte était inégale et que
sa protestation restait sans écho.

On trouvait alors que les pièces de Gandillot,
les Femmes collantes, *la Mariée récalcitrante*, *la
Course aux Jupons*, *Ferdinand le Noceur* et *la
Tournée Ernestin*, gardent toujours une signification très claire et qu'elles sont le développe-
ment capricieux et fantaisiste d'idées vraies.
On remarquait que tous ces différents sujets
partent d'une juste observation des mœurs humaines et qu'à travers les inventions les plus
drolatiques Gandillot a le trait qui décèle tout
un personnage. Par malheur, les directeurs de
nos scènes de genre s'étaient longtemps refusé
à lui ouvrir leurs portes. Un usage, heureusement à peu près disparu, voulait qu'un jeune
dramaturge prît un adroit collaborateur, lequel
se chargeait bénévolement d'un tas de petites
commissions, et Gandillot, qui n'entendait pas
de cette oreille, avait résisté à ces marchandages. Le Gymnase avait joué entre temps la
jolie *Villa Gaby*, le Palais-Royal le très amusant *Sous-Préfet de Château-Buzard*, les Nouveautés la désopilante *Tortue*, la Bodinière un
petit bijou : *De Fil en Aiguille*, et Sarcey persis-

tait à prétendre que son neveu préféré procédait
de Labiche. Mais nous étions quelques-uns à
apprécier l'ironie savoureuse, la grâce souriante
et aussi la sensibilité cachée et charmante des
personnages du *Bonheur à quatre* et du *Pardon*,
deux pièces que Gandillot lui-même a sans
doute oubliées et qui avaient le défaut de venir
avant l'heure... Que de pièces tombées pour
être venues trop tôt! *Gotte*, de Meilhac, *le
Prince*, de Meilhac et Halévy, *le Prix Martin*,
d'Augier et Labiche, et l'étincelante *Marquise*,
de Victorien Sardou...

Vous voyez, mon cher Antoine, que je sais
« mon Gandillot », et vous comprenez maintenant pourquoi je vous souhaite à tous les deux
le succès que vous méritez. Mais je m'en voudrais d'oublier les interprètes de *Vers l'Amour*,
à commencer par la délicieuse Mlle Rolly qui a
fait un beau chemin depuis le jour où — heureux présage! — elle débutait dans *la Mariée
récalcitrante* du même Léon Gandillot.

Autour de la Reprise
du « Marquis de Villemer »

On remet à la scène *le Marquis de Villemer*, qui, en réalité, n'a jamais quitté le répertoire de la Comédie-Française depuis 1877. C'était pour la continuation des débuts de M. Worms que Perrin remontait l'œuvre de George Sand, et aussi sur la demande du collaborateur anonyme : Alexandre Dumas fils. La critique de 1877 nous contait que la première représentation du *Marquis de Villemer* à l'Odéon, en 1863, avait été extrêmement houleuse. Les étudiants, qui composaient le tumultueux parterre, — que les temps sont changés ! — criaient : « Vive madame Sand ! » ; l'empereur donnait le signal de ces frénétiques applaudissements ; quant aux artistes, surpris de démonstrations aussi bruyantes, ils hésitaient et se demandaient si la terrible politique ne se mêlait point à toute cette affaire. La politique n'était là pour rien : Paris était heureux d'acclamer l'exquis écrivain qui, suivant le juste mot d'un illustre chroniqueur, comprit et aima vraiment le paysan, le paysan vivant loin de la capitale, au milieu de ces provinces qui gardent l'originalité de leurs mœurs. Paris rendait grâce à une femme qui, simplement, tendrement, lui avait montré tout ce qu'il y a de noblesse et de poésie dans la vie de la terre... C'était le salut de la Bohème reconnaissante à la dame de Nohant, que M. Jules Lemaître appelait, non sans une malicieuse irrévérence, la bonne déesse aux multiples mamelles toujours ruisselantes, la matrice destinée à recevoir, un peu pêle-mêle, les généreuses idées...

Et l'on cherche aujourd'hui pour quelle raison cette Bohème qui, à la même heure, sifflait outrageusement la *Gaëtana* d'Edmond About et se préparait à huer l'*Henriette Maréchal* des frères Goncourt, manifestait un tel enthousiasme pour une œuvre douce, intime et ne justifiant point du tout cette fièvre qui s'empara du public de la première représentation. Mieux vaut croire que l'interprétation avait grandement contribué à l'éclat de la soirée. Le directeur de l'Odéon, l'aimable Charles de La Rounat, qui devait quelques années plus tard être investi des fonctions solennelles — oh! combien! — de commissaire du gouvernement près les théâtres subventionnés, pour redevenir ensuite directeur de ce théâtre, avait eu la chance de grouper des artistes que leurs qualités, comme leurs défauts, servaient merveilleusement.

On parlera toujours, tant que vivra *le Marquis de Villemer*, de Ribes, le créateur d'Urbain : le pauvre garçon se trouvait miné par la phtisie, et sa voix, rongée par le mal, faisait merveille... On parlera toujours de Berton père dans le duc d'Aleria : sa bonne grâce souriante, sa désinvolture exquise, sa voix mordante, donnaient au personnage un relief étonnant... On parlera toujours et de Mlle Thuillier, qui enveloppait d'une délicieuse et inexprimable mélancolie le personnage de Caroline de Saint-Geneix, et de Mme Ramelli, qui trouvait dans celui de la marquise le plus éclatant succès de sa carrière.

Nos anciens vantent — et ils ont bien raison! — une telle interprétation. N'empêche que, même avant l'annexion de la pièce au répertoire de la Comédie-Française, *le Marquis de Villemer* fit encore quelques belles soirées odéoniennes. Le second Théâtre-Français, dirigé par M. Félix Duquesnel, se transportait de temps à autre, le dimanche après midi, à la Gaîté de M. Albert Vizentini. Point de spectacles diurnes alors, à l'exception des fameuses matinées Ballande, où Sarcey, Legouvé et La Pommeraye triomphaient comme conférenciers. L'usage voulait que les collégiens ne se rendissent au spectacle que le mercredi et le samedi, les veilles de congé; on donnait ces soirs-là dans nos deux théâtres français la pièce en vogue, et l'Odéon consacrait un jour au répertoire : le vendredi.

Que de fois nous écrivîmes à M. Félix Duquesnel pour le prier, au nom des élèves de sixième du lycée Saint-Louis, de modifier cette organisation!... Il resta sourd à nos prières, mais il eut l'ingénieuse idée de nous offrir à la Gaîté *le Bourgeois gentilhomme* et *le Malade imaginaire* somptueusement montés, et aussi *le Marquis de Villemer*.

Les amours de Caroline et d'Urbain effrayaient bien un peu nos familles : heureusement, ma grand'mère était l'amie de la bonne dame de Nohant, et j'étais ainsi autorisé à applaudir M. Porel et Mlle Léonide Leblanc, sous les traits du duc et de Caroline. Léonide Leblanc dans Caroline de Saint-Geneix, n'y avait-il pas là de quoi bouleverser nos toutes jeunes cervelles de collégiens? Sa rayonnante beauté nous enchantait... A cet âge-là, écrivait le poète dont nous entr'ouvrions les pages, peut-on savoir ce qui est innocent ou criminel? Quant à M. Porel, qu'il jouât Mascarille, Crispin, Scapin, Figaro ou le duc d'Aleria, il était notre comédien favori : il se montrait d'ailleurs un d'Aleria plein de verve, d'esprit et de turbulente jeunesse... Une ingénue, la ravissante ingénue de *la Demoiselle à marier,* de Scribe, jouait le rôle de Diane de Xaintrailles : elle répondait au nom de Blanche Barretta, et le « placeur de l'orchestre », qui, pendant les entr'actes, nous renseignait sur les faits et gestes de chacun, nous racontait que la petite Barretta était la filleule de George Sand. Baillet jouait, et fort bien, le marquis, et Clerh, qui, à l'Odéon, semblait le plus parfait des comédiens et ne s'acclimata jamais complètement à la Comédie-Française, était chargé du rôle du vieux domestique.

*
* *

Nous étions toujours sur les bancs du lycée lorsque, quatre ans après, la Comédie monta *le Marquis de Villemer :* nous étions même quelques-uns — n'est-ce pas, mon cher François Arago? — si épris de théâtre que nous collectionnions les affiches de la Comédie... Celle du *Marquis de Villemer* — mai 1877! —

est là, devant moi, encadrée. Quelle distribution !

Worms, après douze ans d'absence, rentrait à la Comédie. Il l'avait quittée, non sans chagrin : nommé sociétaire par ses camarades du Comité, il s'était vu — ainsi le voulait l'ukase impérial — supplanté par une de ses camarades, et cette injuste décision avait motivé sa démission. Ce départ privait le théâtre d'un de ses meilleurs comédiens. Toutefois, il faut bien avouer que le talent du jeune premier s'affina et s'assouplit considérablement au théâtre Michel. A la Comédie, la place se trouvait le plus souvent prise par Delaunay : à Pétersbourg, on faisait la plus fatigante mais aussi la plus utile des besognes, et l'amoureux en chef passait naturellement en revue tous les rôles de son emploi... Nul n'avait alors au théâtre Michel plus de succès que Worms, et lorsqu'en mai, chaque année, il rentrait à Paris, les propositions d'engagement affluaient de toutes parts. Montigny, qui s'y connaissait, tentait de montrer à Worms que les succès de Pétersbourg ne comptent pas... Heureusement, M. Sardou vint à la rescousse, et le Gymnase annonça la rentrée de Worms. *Ferréol*, de M. Sardou, *la Comtesse Romani,* que Dumas ne signa pas, et *le Charmeur*, une comédie oubliée, consacrèrent la gloire du revenant...

Il possédait, au plus haut degré, deux dons suprêmes : le charme et la sincérité. Il avait la flamme, il avait la passion intérieure ; il savait, et avec quel art ! détailler et nuancer une déclaration d'amour : le conventionnel « je vous aime » tombé de sa bouche n'avait rien de suranné.

Perrin, qui préférait voir Delaunay se confiner dans les amoureux de Molière et de Musset, Horace, de *l'École des Femmes*, Acaste, du *Misanthrope*, Lelio, de *l'Étourdi*, Valentin, Perdican et Fortunio, Perrin rendit bien vite à Worms la place qui lui avait été prise, sous la direction précédente, par le gouvernement impérial. Sa rentrée dans don Carlos, d'*Hernani*, lui valut un triomphe. Au jeu sobre, simple et vibrant, Worms joignait une impeccable et admirable diction : c'était un grand et un très grand artiste qui revenait au bercail.

La distribution du *Marquis de Villemer*, en 1877, comptait encore les noms de Delaunay, de Thiron, de Barré, de Madeleine Brohan, Reichenberg, Provost-Ponsin et Croizette... Delaunay n'était peut-être pas le d'Aleria rêvé par George Sand : il insistait sur certains mots, mais, en revanche, il enlevait la scène finale du troisième acte avec un superbe emportement : il détaillait à ravir tout le couplet : « Ah ! c'en est trop à la fin ! Et vous lasseriez la patience d'un duc », et la scène, enlevée par ces deux maîtres comédiens, produisait une émotion indescriptible.

Et Thiron en Dunières, et Suzanne Reichenberg en Diane de Xaintrailles, et Barré, l'incomparable Barré, à qui le rôle de Vanderck du *Mariage de Victorine* valut enfin et si tardivement le sociétariat! Et Madeleine Brohan qui, avant l'âge, quittait Elmire et Célimène pour jouer les jeunes mères! Qu'elle était exquise sous sa perruque blanche, la présidente de nos Chevreuillets, et comme elle redoutait le quatrième acte de ce rôle! Je l'entends encore, quelques mois avant sa retraite, murmurer :

— Ce dernier acte de *Villemer* m'aura vieillie de dix ans!... Quand il serait si facile d'en supprimer la moitié!...

La marquise de Villemer disait vrai... Mais M. Jules Claretie avait des scrupules d'écrivain que ne connaissait pas son prédécesseur, lequel, dans la crainte d'effaroucher ses abonnés, taillait si volontiers dans Molière...

Cette interprétation eût été de tous points parfaite (Mᵐᵉ Provost-Ponsin, bien qu'elle fût plutôt une soubrette, rendait acceptable la baronne d'Arglade) si le rôle de Caroline de Saint-Geneix avait été interprété par une autre comédienne que Sophie Croizette... George Sand avait rêvé Sarah Bernhardt dans Caroline, mais la tragédienne était souffrante, et l'administrateur lui préférait Sophie Croizette. C'était une erreur, et une erreur qui eût pu coûter cher à la pièce, car Sophie Croizette n'avait aucune des qualités du personnage. Elle le joua intelligemment, et c'est tout ce qu'on pouvait exiger d'elle. Mme Émilie Broisat lui succéda et trouva là son meilleur rôle. La timidité, la résignation, la mélancolie, l'orgueil, toutes les faces du caractère furent supérieurement rendues par elle. Qui d'ailleurs rendit, mieux que Mme Émilie Broisat, *Chatterton*, *Philiberte*, *Mademoiselle de Belle-Isle*? Son jeu était apprêté, sa diction *guirlande*, mais elle avait du charme.

C'est Mme Blanche Barretta qui, en ces dernières années, joua Caroline... Elle y fut adorable comme dans tous ses rôles d'amoureuses : Henriette des *Femmes savantes*, Angélique du *Malade*, Rosine du *Barbier* et Victorine du *Mariage*...

La Comédie-Française, dont la prospérité s'affirme chaque jour, nous prouve qu'il n'est pas d'artiste indispensable. Elle est tout de même trop tôt partie, la filleule de George Sand...

Novembre 1905.

Fantaisie triste...

C'est le titre d'une belle poésie d'Aristide Bruant. Alphonse Allais aimait cette *Fantaisie Triste :* je l'ai relue en rentrant du cimetière de Saint-Ouen, où sans discours, sans apprêt, nous venions d'enterrer notre ami... Et maintenant qu'ici même je veux vous parler d'Allais, je ne trouve rien de mieux que de transcrire sa poésie favorite.

> I' bruinait... L'temps était gris.
> On n' voyait plus l' ciel... L'atmosphère,
> Semblant suer au-d'ssus d' Paris,
> Tombait en bué' su' la terre.
>
> I' soufflait quéqu' chose... on n' sait d'où...
> C'était ni du vent ni d' la bise,
> Ça glissait entre l' col et l' cou
> Et ça glaçait sous not' chemise...

Nous marchions d'vant nous, dans l' brouillard,
On distinguait des gens maussades...
Nous, nous suivions un corbillard
Emportant l'un d' nos camarades.

Bon Dieu ! qu' ça faisait froid dans l' dos !
Et pis, c'est qu'on n'allait pas vite ;
La moelle s' figeait dans les os,
Ça puait l' rhume et la bronchite !

Dans l'air y' avait pas un moineau,
Pas un pinson, pas un' colombe ;
Le long des pierr' i coulait d' l'eau,
Et ces pierr's-là... c'était sa tombe !

Et je m' disais, pensant à lui,
Qu' j'avais vu rire au mois d' septembre :
Bon Dieu ! qu'il aura froid c'tte nuit !
C'est triste d' mourir en décembre !

J'ai toujours aimé l' bourguignon,
I' m' sourit chaq' fois qu'i s'allume ;
J' voudrais pas avoir le guignon
D' m'en aller par un jour de brume...

Quand on s'est connu l' teint vermeil,
Riant, chantant, vidant son verre,
On aim' ben un rayon d' soleil,
Le jour oùsqu'on vous porte en terre.

Il y a dans tous ces vers un mélange de mélancolie et de fantaisie qui enchantait Allais...
Il fallait l'entendre ponctuer, de sa voix sourde,

mais qu'il savait rendre caressante, les deux derniers vers!... Il avait, tout comme Bruant, une façon exquise de lancer le « On aim' ben un rayon d' soleil ».

C'est qu'Alphonse Allais — peut-être n'a-t-on pas suffisamment insisté sur cette face de son talent et de son caractère — fut un poète. Il avait, avec Salis, Jules Jouy, Charles Cros, Delmet, — que de disparus! — inventé ce délicieux *Chat Noir*, d'où sortirent deux maîtres du théâtre, Maurice Donnay et Léon Gandillot, et vous vous souvenez, non sans regret j'en suis sûr, de ce joli coin de notre vieux Paris, de cette adorable Bohème montmartroise...

Salis, cabaretier imposant, nous appelait gravement « Messeigneurs » et prenait bien soin de nous faire admirer, avant la représentation, les Steinlen, les Caran d'Ache et les Willette.

Ses notices pittoresques et bourrées d'anecdotes, ses bocks servis par des garçons en habits d'académiciens, tout donnait à ces réunions une saveur particulière. On ne savait si l'on se trouvait dans une brasserie ou dans un théâtre, dans un musée ou dans un atelier; on n'en passait pas moins trois heures, et trois heures charmantes, à applaudir des peintres, des dessinateurs, des chansonniers. Tous ces gens-là étaient considérés comme des pince-sans-rire impénitents, et leurs blagues force-

nées semblaient inquiétantes. C'étaient, au
fond, des hommes simples, naïfs et bons, qui
soupiraient des romances, murmuraient des
élégies, et qui, en dépit d'une cocasserie un
tantinet apprêtée, n'étaient rien moins que des
poètes.

Tandis que la représentation, sous l'œil vigilant du cabaretier Salis, se poursuivait brillante
et fructueuse, Alphonse Allais, blotti en un
coin du café, jouait aux dominos, au trictrac
ou au jacquet, et émaillait la partie d'histoires
burlesques... Quand le rideau était baissé, il
quittait le *Chat* et venait nous rejoindre dans
une toute petite brasserie de la rue Saint-Lazare,
aujourd'hui démolie. Il se remettait aux dominos, aux bocks et aux histoires burlesques.
Raoul Toché l'écoutait, ahuri; Falguière n'en
revenait pas, et M. Adrien Hébrard, ravi, inter-
rompait la partie. Allais était alors escorté d'un
camarade soi-disant canadien qui, à l'instar de
son maître, contait d'un ton flegmatique de stupéfiantes aventures.

C'est à cette joyeuse époque que nous nous
réunissions l'été à Trouville, en cette villa des
Cèdres dont je crois vous avoir déjà parlé. Gandillot était le propriétaire de cette maison nor-
mande : Henry Fouquier, Alfred Capus, Coquelin cadet, Thérésa, Grosclaude et Allais en
étaient les hôtes les plus illustres. Le boulan-

gisme triomphait alors, et Charles Desteuques,
l'intrépide Vide-Bouteilles, — que tout cela est
loin ! — arborait une chemise sur laquelle apparaissait superbe la tête du général. Allais avait
naturellement suivi l'exemple : il avait décrété
que les familiers de la villa des Cèdres iraient
aux courses en bras de chemises boulan-
gistes...

Cette chemise fit merveille, comme tant de
ces inventions drolatiques dont Allais passait
toujours pour l'éditeur responsable...

Mais, ainsi que M. d'Esparbès l'a fort juste-
ment indiqué dans un joli article, partout, au
milieu de cette débordante fantaisie qui rendait
Allais populaire, on trouvait des détails com-
posés ayant l'air naturel, et toujours un souci
d'art donnant à ces incartades un je ne sais
quoi de léger, de délié et aussi d'absolument
personnel.

Et il est très juste d'ajouter que le parfait
écrivain de *la Vie drôle* séduisit tous les publics
et ne blessa jamais personne. Les petites ouvrières de la Butte attendaient impatiemment
l'article qui, de presque quotidien qu'il était,
devenait hebdomadaire, et M. Jules Lemaître
n'hésitait pas à déclarer que l'homme qui écrivit : « Tous les jours que Dieu fait, et il en fait,
le bougre!... » descendait en droite ligne du
grand Molière.

Quand je dis que l'article d'Allais était devenu hebdomadaire, j'explique peut-être, d'un mot, la transformation qui s'était opérée chez lui... Le *Chat Noir* était mort et, avec le *Chat Noir*, beaucoup de ses chefs... La fin prématurée de tant de fidèles camarades avait profondément affligé Allais. Certes il s'était créé de nouvelles amitiés, aussi solides que celles d'autrefois, mais le rayon de soleil que chante Bruant n'était plus là!... Rollinat avait suivi Jouy, Delmet, Salis, et beaucoup d'autres compagnons du *Chat*...

— A qui le tour, maintenant ? demandait récemment Allais à l'enterrement d'un camarade disparu.

Nul de nous ne répondit... On redescendit vers le boulevard, on s'attabla au café, on rassembla de bons et réchauffants souvenirs de jeunesse, et comme la vieille gaieté reprenait toujours ses droits Allais terminait par des toasts, et quels toasts! Nul ne les lançait plus gaîment...

Un jour que le brave Damoye, aujourd'hui administrateur de l'Athénée, nous narrait ses équipées d'Odéonie, Allais, regardant bien en face le tragédien, leva son verre et s'écria à la stupéfaction des passants :

— Messieurs, vous le voyez bien, cet homme à la face terrible, généreuse et glabre! Il a appris

cinq mille vers, oui cinq mille vers, en moins
de trois mois, et cet homme, qui est là et qui
respire encore, cet homme que nous contem-
plons et que nous aimons, est le frère de
Phèdre !...

C'est le fils de Minos et de Pasiphaé !...

L'effet de la scène était prodigieux... Deux
gardiens de la paix contemplaient, souriants, ce
stupéfiant spectacle...

Je pourrais citer bien des traits imprévus,
cocasses, attestant l'incroyable fertilité d'invention d'Allais. Mais à quoi bon? Cet Allais-là, on
le connaissait...

Celui qu'on soupçonnait moins, c'était l'Allais grave, presque solennel, prenant au sérieux
les honneurs... Eh! oui! Les palmes acadé-
miques, les mérites agricoles, il les sollicitait
pour ses amis. Il portait à sa boutonnière —
qui le croirait? — la rosette d'officier d'instruction publique... Quel dommage tout de même
qu'on ne lui ait pas donné le ruban rouge qu'il
méritait si parfaitement !...

Et je pensais à tout cela, l'autre soir, au
retour du cimetière, en relisant *Fantaisie
triste*...

Le « Plateau »

L'auteur des *Oberlé*, M. René Bazin, contait, il y a quelques jours, à M. Adolphe Aderer, que pour la première fois il montait sur le « plateau » : il ajoutait que ce qui l'a le plus vivement frappé au cours des répétitions, c'est la lucidité extraordinaire avec laquelle M. Coquelin et son ami Frédéric Febvre saisissent, traduisent et inculquent à d'autres interprètes non pas seulement les idées, mais aussi les intentions mêmes des auteurs : ils discutent sur des nuances, ils proposent des intonations, ils trouvent des attitudes, et ils font tout cela très amicalement, gardant, dans leur façon de causer, de marcher, de gesticuler, quelque chose du grand répertoire qu'ils jouèrent si souvent l'un à côté de l'autre à la Comédie-Française.

L'interview de M. Bazin se poursuivait de la sorte, non sans mélancolie. Il semblait que l'auteur des *Oberlé* éprouvait quelque regret à n'avoir pu confier un rôle, un tout petit rôle, à son metteur en scène... Qui sait d'ailleurs si M. Febvre lui-même, au moment précis où il donne à ses jeunes camarades tant d'utiles indications, ne partage pas, sans même se l'avouer, ces fort légitimes regrets? C'est que, comme Worms, comme Delaunay, il a quitté la scène trop tôt, avant l'heure.

Avec quelle tristesse Delaunay me contait un soir, chez lui, à Versailles, les douleurs du comédien retraité!... Sa dernière représentation — nous nous en souvenons tous! — avait été une véritable apothéose : tous les comédiens, depuis le doyen Got jusqu'au plus modeste figurant, étaient groupés autour de lui; M. Jules Claretie avait tenu à célébrer dignement le grand amoureux de Molière et de Musset... Delaunay partait, malgré les démarches de son administrateur et de ses camarades; il avait le sentiment qu'il devait renoncer au théâtre, non point parce que l'âge commandait ce départ, mais — on comprenait ce scrupule — parce que son emploi même l'exigeait... Il s'en allait, à la vérité, le cœur déchiré, et peut-être aurait-il consenti à rester deux ou trois années encore, si sa classe du Conservatoire n'avait été sa suprême consolation.

Mais voyez pourtant comme la malchance le

guettait... Un règlement, aujourd'hui heureusement aboli, l'atteignait : on lui fendait l'oreille sans même qu'il eût le temps de crier gare. Bien plus, on oubliait — il sut depuis que c'était un oubli involontaire — de faire pour lui ce qu'on fit pour Got : on négligeait de l'appeler au Conseil d'enseignement de l'École... Du jour au lendemain, cet homme qui était l'activité et la jeunesse mêmes (il se rendait à cette époque-là à pied de Paris à Versailles!) n'avait plus ni son théâtre ni son école... J'allai en 1896 lui faire visite : il habitait une petite maison rue des Missionnaires. Le ministre de l'Instruction publique et des Beaux-Arts, M. Alfred Rambaud, désirait que le grand amoureux sortît de sa retraite et participât à la soirée donnée au palais de Versailles en l'honneur de l'empereur de Russie.

— Une seule poésie de Musset, chèr monsieur Delaunay, dis-je suppliant. Vous ne pouvez pas refuser! Et au palais de Versailles, à deux pas de chez vous, pensez-y!

J'entends encore l'inoubliable Perdican me répondre de cette voix caressante et délicieuse, que ni l'âge ni la douleur n'avaient atteinte :

— Mais n'insistez donc pas ainsi! C'est convenu. Je viendrai. Et que M. le ministre sache bien que je suis très honoré de cette démarche qui me flatte profondément.

Puis il me récita, avec une émotion inexprimable, *l'Espoir en Dieu* d'abord, *la Soirée perdue* ensuite... C'était quelque chose d'unique. Je balbutiai les compliments d'usage : je ne savais comment exprimer mon admiration.

— J'ai beaucoup souffert, reprit Delaunay, depuis quelque temps, et nul ne s'en doute...

Et tout en souriant, sans me laisser le temps de l'interroger, il ajouta :

— Vous pouvez redire à M. le ministre ce que je vous conte ici... Il m'a un peu connu autrefois, sous le ministère de M. Jules Ferry !... Il me comprendra peut-être... Et surtout vous le remercierez d'avoir songé à un mort...

Je rapportai la scène au directeur des beaux-arts, mon ami M. Henry Roujon, qui, à son tour, me répondit :

— Voilà l'envers du théâtre, voilà aussi son revers !...

Quelques jours après, Delaunay paraissait, resplendissant de jeunesse, sur la petite scène du palais de Versailles. M. Rambaud, M. Claretie, M. Roujon, les ministres, les ambassadeurs, tous s'empressaient autour de lui; le président Félix Faure tint à honneur de le féliciter et de le présenter à l'Empereur de Russie.

— Le plus jeune de nos jeunes premiers, dit solennellement notre Président au Tsar.

Le comédien ne souffla mot. Ce fut pour lui
une minute supérieure : la soirée de Versailles
l'avait aidé à panser bien des blessures. Le
« plateau », toujours le plateau, et Delaunay
l'avait aimé comme pas un !... Qui donc écrivait : Le théâtre ? Mais c'est l'histoire des
amoureux qui se séparent, l'homme et la
femme décidés à ne jamais se revoir, et chacun
d'eux voulant laisser à son complice le meilleur
souvenir.

* *

Ces histoires déjà vieilles me revenaient,
l'autre soir, à la mémoire tandis que j'applau-
dissais les *Oberlé*... Je reprenais une à une les
réflexions un peu moroses, mais si judicieuses,
de M. René Bazin, et je songeais à toutes ces
pièces classiques et modernes que les deux
comédiens, Constant Coquelin et Frédéric
Febvre, jouèrent côte à côte. Se doutaient-ils
alors, sociétaires à part entière et membres du
Comité, qu'ils se retrouveraient un jour sur le
« plateau » de la Gaîté et prépareraient tous
deux, ensemble, les succès de tant de beaux
ouvrages ? Je les revoyais dans *Mademoiselle de*

la Seiglière : l'un, Destournelles inimitable même après Regnier ; l'autre, superbe, sous les traits du sévère Bernard Stamply ; je les revoyais dans Figaro et Almaviva du *Barbier de Séville*, dans Annibal et Fabrice de *l'Aventurière*, dans *le Fils naturel*, — ah ! le Fressard idéal et l'impeccable Sternay ! — dans le don César et le don Salluste de *Ruy Blas*... Je les revoyais surtout dans le duc de Septmonts et le Clarkson de *l'Étrangère*. Avec quel art la maîtresse scène du dernier acte de cette si curieuse comédie — un amusant mélodrame plutôt qu'une vraie comédie — était jouée, détaillée, nuancée par eux ! L'avertisseur du théâtre, M. Besnard, armé de son bâton, accourait au foyer, prévenait les retardataires et jetait son traditionnel « Cinquième acte »... Immédiatement Madeleine Brohan, qui jouait la baronne de Rumières, quittait son fauteuil.

— Je descends sur la scène, je cours au guignol et ne remonterai pas... Je veux me payer le *duo* de Coquelin et Febvre.

Les jeunes habitués de la Comédie se précipitaient dans la salle et prenaient là une merveilleuse leçon de théâtre...

Une leçon, oui, mais une leçon, entendez bien, qui n'avait rien de convenu, rien d'apprêté... C'était ce qui en doublait l'attrait, et je m'explique, moi qui ai savouré les « duos » de *l'Étrangère,* de *l'Aventurière* et des ouvrages précités (j'en oublie beaucoup), je m'explique comment le délicat écrivain des *Oberlé,* peu habitué aux choses du théâtre, s'est laissé séduire par la collaboration discrète et avisée de ces maîtres comédiens... Il est très vrai que, quand il est présenté sous cette forme et porté à ce point, l'art du comédien est d'un intérêt passionnant, irrésistible. Au risque d'être une fois encore traité de vieille barbe, j'avouerai que la façon même dont ces comédiens parlent de leurs rôles et de leurs camarades d'autrefois me séduit infiniment, et que l'amour très tendre et très naïf qu'ils professent pour leur « plateau » a quelque chose de touchant.

Ces gentilshommes de théâtre, ainsi que les appelle joliment M. René Bazin, sont, à mon sens, non pas seulement de très grands artistes, mais, ce qui ne gâte rien, de fort braves gens. L'Oncle aimait à répéter que la première qualité du comédien consiste à trouver aveuglément, invariablement, sans nuances, toutes les pièces qu'il joue excellentes et tous les rôles qu'on lui donne admirables, et l'Oncle avait bien raison.

Notez d'ailleurs que M. Frédéric Febvre ne dirige pas la scène de la Gaîté. De temps à autre, quand son camarade Coquelin l'y invite, il vient au théâtre, s'installe à l'avant-scène, commence par donner des conseils et finit par mettre debout les scènes, les tableaux et les actes. Le reste du temps, il voyage, il bouquine, il bibelote, il fait de la musique et du roman... Jamais il ne quittera ce gentil cinquième de la rue Saint-Fiacre qu'il habite depuis bientôt quarante ans : son petit salon ressemble à une loge de comédien; il y a accumulé les cadeaux d'empereurs et les souvenirs de rois; rien n'y est livré au hasard; c'est une merveille de gracieux arrangement; on sent que le maître de la maison a le respect de l'optique théâtrale et de la scène à faire... Ne vous y trompez pas du reste : ce gentilhomme du théâtre est heureux et il apprécie son bonheur; il aime l'odeur du « plateau », mais il l'aime par amour de l'art...

— Quand on a goûté de cette cuisine-là, me disait-il un jour, c'est pour la vie!...

Le mot est juste... On ne veut plus aujourd'hui avoir l'air d'y goûter, alors qu'autrefois le « plateau » était le paradis... Je comprends M. Bazin...

Novembre 1905.

Les nouveaux Professeurs
du Conservatoire

Les nominations des nouveaux professeurs du Conservatoire ont ceci de particulier qu'elles rencontrent une approbation générale... Des maîtres de fugue et de contrepoint, MM. Caussade et Gedalge, je ne sais qu'une chose, c'est que tous deux ont fourni des preuves de leur science musicale : M. Gedalge remplit les fonctions d'inspecteur musical des écoles des départements, et il s'acquitte fort bien d'une tâche plus difficile qu'on ne le croit généralement. Quant à M. Caussade, il est depuis longtemps, au Conservatoire, le lieutenant apprécié de nos meilleurs professeurs.

Alfred Ernst, dont il convient de relire les savants ouvrages, nous a offert sur le contrepoint d'ingénieux aperçus. Un soir, à l'Opéra, à une des répétitions d'ensemble des *Maîtres Chanteurs,* je le priai de m'expliquer ce qu'on entend par le contrepoint.

— Le contrepoint ? répondit-il... C'est que vous abordez là une des plus graves questions musicales !...

Je m'en doutais bien un peu, mais l'occasion était bonne de me faire donner, par un des hommes les plus experts en la matière, une leçon de contrepoint. Deux longs entr'actes furent consacrés à mon éducation, et j'avoue, à ma honte, que je restai rebelle et ne compris pas grand'chose aux explications de notre regretté confrère. Je sais seulement — et je vais bien étonner l'aimable directeur de l'Opéra qui, l'autre jour, me posait une *colle* de contrepoint ! — que dans *le Messie* de Hændel (ce *Messie* que nous n'entendons plus qu'au Conservatoire) on note un beau contrepoint. Je sais aussi que Chérubini écrivit, vers l'an 1835, — soixante-dix ans de théâtre ! — un cours de contrepoint et de fugue, en collaboration avec Fromental Halévy...

*
* *

Pour ce qui est du cours d'opéra, M. Bouvet remplace M. Lhérie qui, il y a quelques années, succédait lui-même à M. Giraudet. M. Lhérie, le créateur du Don José de *Carmen,* fut un professeur impeccable... Très consciencieux, très érudit, connaissant admirablement l'ancien répertoire, se rendant un compte précis de l'évolution musicale dont les effets sont indiscutables, il se préoccupait avant tout de choisir, pour ses élèves, des scènes de théâtre. Entendez par ces mots « scènes de théâtre » des scènes mettant en relief les qualités personnelles de chaque élève. Cette méthode produisit les plus heureux résultats... Ajoutez que M. Lhérie ne dédaignait pas de consulter ses collègues, les professeurs de chant, sur les qualités de chaque concurrent : il exigeait qu'il y eût, entre la classe d'opéra et celle de chant, un lien très étroit.

M. Bouvet, qui le remplace, possède de brillants états de services. C'est à l'Eldorado (il sortait du Conservatoire où il n'était même pas admis à concourir) qu'on l'entendit pour la première fois. Il y chantait tout simplement la chanson. L'Eldorado était alors la pépinière de nos théâtres : Renard, qui le dirigeait, s'amusait à dénicher les étoiles et nous avait déjà montré Anna Judic, Louise Théo, Mily Meyer. M. Bouvet ne resta pas longtemps le pensionnaire de Renard ; l'opérette le guettait... Il créait *Fanfan la Tulipe*, de Louis Varney, dont le succès dépassait toutes les prévisions : après *Fanfan*, *François les Bas Bleus*, ce délicieux opéra-comique commencé par Bernicat et terminé par André Messager. La fameuse valse « Espérance en d'heureux jours » était trissée d'enthousiasme.

Carvalho engagea l'étoile des Folies... Durant dix ans, M. Bouvet chanta à l'Opéra-Comique tous les rôles. Le vieux répertoire trouvait en lui un parfait interprète : il était le Figaro du *Barbier*, il était le père de *la Traviala*, ce qui ne l'empêchait pas de créer supérieurement *le Rêve*, *l'Attaque du Moulin*, *le Roi d'Ys* et nombre d'autres ouvrages... Carvalho tenait même son pensionnaire en si particulière estime, qu'il l'affichait jusqu'à quatre fois par semaine... A un métier aussi dur il est difficile de résister, mais notre Figaro était solide : il s'employait courageusement...

Enhardi par le succès, M. Bouvet s'essaya, en province et à l'étranger, dans les rôles de grand opéra. Sans en rien dire à son directeur, M. Carvalho, il caressait le rêve, fort légitime après tout, d'entrer à l'Opéra. Les portes de notre Académie de musique lui auraient été ouvertes si, à cette époque même, M. Delmas d'abord, M. Renaud ensuite, n'avaient été les titulaires de l'emploi. Les auteurs de *Guernica*, représentée à l'Opéra-Comique, MM. Gailhard et Paul Vidal, ne demandaient pas mieux que de réaliser le désir de leur principal interprète. L'emploi des barytons et des basses chantantes est assez vaste pour que trois artistes de premier plan s'en emparent, et je pense que M. Bouvet, comédien en même temps que chanteur, pouvait, tout aussi bien que M. Renaud, idéaliser le Beckmeisser de Wagner, le Don Juan de Mozart, l'Hamlet d'Ambroise Thomas ou le Wolfram de *Tannhæuser*. Mais une circonstance imprévue contrecarra les projets de notre baryton, qui étaient aussi ceux du directeur de l'Opéra...

Ce fut, on le conçoit, pour M. Bouvet, une cruelle déception, la première sans doute de sa carrière. Ennuyé, dépité, il quitta Paris et apprit l'italien. J'eus alors occasion de le voir, dans je ne sais plus quelle œuvre extrêmement italienne, à la Scala de Milan. On l'applaudissait, on l'acclamait, on lui tressait des couronnes, mais, visiblement, ce n'était plus ça...

Il regrettait Paris et il eût renoncé à tous les cachets de la Scala pour un engagement salle Favart. Je transmis ses doléances à M. Albert Carré... Malheureusement la place était prise. Comment faire pour la lui rendre? Très aimablement, M. Albert Carré trouva le moyen de rappeler l'exilé, qui donna quelques représentations sur la scène de ses anciens succès... Mais d'engagement ferme il ne pouvait plus être question : la troupe était constituée, les pièces nouvelles distribuées. Qui va à la chasse...

M. Bouvet devint alors directeur à Pau, où on inaugurait un théâtre de musique. Délégué aux fêtes de Jéliotte, je vis le directeur à l'œuvre ; il avait préparé, pour la semaine de Jéliotte, — car Jéliotte eut sa semaine! — une série de représentations vraiment superbes. Le jeune impresario ne se contenta pas d'appeler à lui les principaux artistes de Paris, il fit mieux : il organisa, sous la direction d'un chef d'orchestre éminent, M. Brunnel, des concerts classiques. Des séances de Beethoven, d'Haydn, et de Bach, dans une ville aussi cosmopolite que Pau, l'idée était hardie, et nous ne croyions guère à sa réussite... Notre impresario tint bon, réussit, et aujourd'hui encore, alors que le théâtre a changé de direction, ces concerts vivent et prospèrent.

Voilà bien des titres qui justifiaient la nomination du nouveau professeur d'opéra au Conservatoire. Il y aurait injustice à ne pas rappeler également que le successeur de M. Lhéric est un peintre de réel talent. Il est médaillé du Salon, et, à ces heures de découragement dont je parlais tout à l'heure, il se console en brossant de jolis coins de Bretagne : il s'était réfugié, en ces derniers temps, au Croisic; le voilà redevenu Parisien *.

* *
*   *

Les deux nouveaux professeurs de comédie, MM. Jules Truffier et Pierre Laugier, prennent les classes de MM. de Féraudy et Le Bargy, démissionnaires **.

M. Bouvet est peintre, M. Truffier est poète. *Sous les Frises* et *le Dîner de Pierrot* — je ne cite que ses ouvrages les plus connus — re-

---

* Les classes d'Opéra et d'Opéra-Comique ont été, l'an dernier, réunies en une seule qui porte le nom de « classe de déclamation lyrique. » M. Bouvet est donc aujourd'hui professeur de déclamation lyrique au Conservatoire.

** M. Pierre Laugier, décédé cette année au mois de janvier, a été remplacé au Conservatoire par Mme Sarah Bernhardt. On trouvera plus loin un article sur le regretté artiste.

çurent un accueil chaleureux, et les *Sonnets* du jeune sociétaire sont célèbres... Ingénues et amoureuses, jeunes premières et soubrettes, grandes coquettes et duègnes, toutes les artistes de la Comédie ont été galamment glorifiées·par lui ; nul ne marivaude avec plus d'aisance, nul n'est plus fidèle aux traditions de la vieille Comédie : il aime son théâtre, il le sert, il le respecte, il l'honore, il en a la foi... Lorsqu'il parle de la Maison de Molière, il ne dit point la Comédie-Française, il dit « la Comédie », tout court et sans épithète ; il n'ignore pas que les nouveaux venus raillent cet attendrissant respect, mais peu lui importe... S'il n'est pas sur le « plateau », s'il ne répète pas, il court à la Bibliothèque, chez son ami Georges Monval, avec lequel il odéonisait autrefois... Quelques semaines de congé lui sont-elles accordées? Il prend le train pour Athènes, il va porter là-bas un rayon de France, et il y crée une école de diction française. La besogne terminée, il rentre à Paris, et, sur le bateau, tandis que les passagers rendent l'âme, il compose un charmant sonnet sur l'Acropole...

— La vie de Truffier, me disait un de ses camarades, se passe dans un sonnet du grand siècle....

De tous les rôles qu'il a joués, son meilleur est celui du maître à danser du *Bourgeois gen-*

tilhomme; il y apporte sa bonne grâce, sa légèreté et son esprit, sans tomber un seul instant dans la charge... Tel nous l'apprécions sous les traits du maître de danse, tel nous le retrouvons à la ville, aimable, spirituel, galant...

— Quand on applaudit Truffier, ajoutait ce camarade, on a l'impression qu'il comprend merveilleusement les personnages qu'il représente et que, si on l'y poussait, il les commenterait!...

Cette critique même, qui ne manque pas de justesse, n'atteste-t-elle point que le sociétaire-poète sera un excellent professeur?...

*
* *

En confiant à M. Pierre Laugier la classe laissée vacante par M. de Féraudy, on a rendu justice à un très distingué comédien : on savait qu'il avait remplacé plusieurs de ses camarades et que professeurs, élèves et directeur, tous se déclarèrent ravis de cette suppléance... Quant à moi, je voudrais bien réparer les rudes injustices que je commis autrefois à l'égard du nouveau professeur. Je l'ai beaucoup et souvent chicané, au temps déjà bien lointain où çhaque dimanche j'occupais le rez-de-chaussée du critique dramatique ; je le trouvais intelligent, mais laborieux, et plus fait pour la comédie dramatique et la tragédie que pour les financiers, les grimes et les rôles à manteaux du répertoire. Il est possible que M. Laugier ne serait pas déplacé dans le Brissot de *Denise*, qu'il jouera quelque jour... Mais ce qui est certain, c'est qu'il tient sans faiblir Orgon de *Tartufe*, Chrysale des *Femmes savantes*, Arnolphe de l'*École des Femmes*, Argan du *Malade*, Harpagon de l'*Avare*, Orgon du *Jeu de l'Amour*, Bartholo du *Barbier* ou du *Mariage*. C'est un comédien de répertoire, dans la plus large acception du mot, un comédien possédant toutes les traditions (il fut élève de Delaunay), et s'étant emparé de ces rôles, tous plus lourds les uns que les autres, à force d'intelligence et de travail. Il a acquis peu à peu, en jouant beaucoup et en jouant aux côtés de ses aînés, le don suprême, le premier de tous : le style... A une époque où Molière est contesté par nos jeunes comédiens de l'école moderne, il est bon d'avoir des artistes de répertoire... Ce sont ceux-là qui sont la réserve de la maison de Molière. Le mot de Sarcey restera éternellement vrai : « Pour bien dire Hugo, il faut avoir passé par Corneille et Racine... Pour bien jouer Dumas, Sardou ou Augier, il est indispensable de savoir ses *gammes*. Et les gammes, c'est Molière!... »

MM. Laugier et Truffier ont appris leurs gammes; ils les savent; ce sont des traditionalistes qui préfèrent les succès durables du répertoire aux triomphes trop souvent éphémères de la comédie moderne... Voilà pourquoi je suis de ceux qui se réjouissent pleinement de leur entrée au Conservatoire.

Avec MM. Silvain, Leloir, Paul Mounet, Georges Berr, Truffier et Pierre Laugier, les élèves de notre École de déclamation peuvent être rassurés : l'enseignement de l'art dramatique est en bonnes mains...

Auteurs et Comédiens

J'ai dit rapidement, à cette place, ce qu'avait été le procès désormais fameux du Trust : M. Raymond Poincaré, élargissant et élevant le sujet, n'a pas seulement présenté une défense admirable de la Société; il a retracé l'histoire des anciens et des modernes et s'est magistralement acquitté de cette double tâche. J'ai assisté à toutes les séances de la 1re chambre et je ne pense pas qu'il existe à l'heure actuelle un monument de notre histoire théâtrale plus complet que cette plaidoirie... Ceux qui, comme nous, chicanaient la Société des auteurs à propos du domaine public et des billets d'auteurs se sont laissé séduire et convaincre par la merveilleuse parole et les irrésistibles arguments du grand avocat. Sur ce point, tout le monde est d'accord. Les récalcitrants, nous l'espérons tous, feront amende honorable et reconnaîtront les bienfaits d'une Société qui n'est peut-être pas parfaite, mais qui n'a pas encore son égale.

M. Poincaré a bien voulu, au cours du procès, rappeler qu'en 1900, après une visite dans les théâtres populaires d'Allemagne et d'Autriche, j'avais cité une lettre signée de plusieurs auteurs dramatiques étrangers... Cette lettre, singulièrement instructive, était adressée à l'agent général, notre regretté ami Gustave Roger; ces messieurs sollicitaient la communication des statuts de la Société des auteurs français; devant les exigences de certains directeurs de rencontre, ils avaient décidé d'organiser une association sur le modèle de celle qui existe en France.

Qu'est-il advenu de ce projet? J'eus la curiosité de poser la question à M. Rodolphe Lothar, qui, l'été dernier, me rendit ma visite de Vienne. M. Lothar, vous ne l'ignorez pas, est un des plus brillants écrivains de la presse viennoise : il est à la fois poète et critique, chroniqueur et auteur dramatique : il est renseigné sur l'histoire et la philosophie, sur l'économie sociale et la politique; c'est un journaliste qui, selon les exigences du temps, du lieu et du sujet, se réjouit, s'apitoie et s'indigne; il sait par cœur Gœthe et Schiller, il commente Molière et Shakespeare, il s'ingénie à repenser

avec eux... Je ne pouvais donc mieux faire que
de consulter M. Lothar...

— Non! me répondit-il... Tous nos efforts,
toutes nos démarches, toutes nos campagnes
de presse n'aboutirent à rien, et, malgré tout
l'intérêt que nous avions à fonder une société
des auteurs semblable à la vôtre, nous avons
échoué. La raison de cet insuccès est simple :
les écrivains, chez nous, traitent de gré à gré
avec les directeurs : leurs conventions sont
particulières et secrètes; un auteur qui débute
ne touche pas les mêmes droits qu'un auteur
comptant de longs états de service. Les auteurs
français, au contraire, et je les en félicite haute-
ment, ont une notion plus juste de la solida-
rité : ils n'admettent pas ces distinctions : ils
exigent que l'auteur dont le nom paraît pour
la première fois sur une affiche ait les mêmes
titres et les mêmes droits que le plus ancien et
le plus fortuné d'entre eux... Nous ne pûmes
faire admettre cette égalité et cette démocratie
artistiques, et nous nous heurtâmes à d'insur-
montables obstacles. De guerre lasse nous
avons renoncé à notre idée, et nous continue-
rons à laisser les choses en l'état jusqu'au jour
où nos auteurs finiront par comprendre qu'ils
sont les premiers lésés. Que vos dramaturges
s'estiment heureux et bienheureux! Ils dif-
fèrent d'opinions sur quelques détails, mais, en

somme, les dissidents forment une infime minorité.

J'ai rapporté les propos de M. Rodolphe Lothar... L'approbation de nos voisins est, à mon sens, la preuve indéniable de la force même de la Société des auteurs français. Comparez donc, chers auteurs, ce qui se fait chez nous avec ce qui ne se fait pas chez les autres, et concluez... J'entendais hier un de mes plus intimes amis dire à un de ses confrères de la Commission des auteurs :

— J'ai souvent pesté contre la Société; j'ai même intenté un procès à un directeur de théâtre, mais remarquez bien que c'étaient des faits personnels qui me préoccupaient... Aujourd'hui, je me tais par la seule raison que c'est de l'existence même de la Société qu'il s'agit...

Voilà des paroles qui, comme celles de M. Lothar, sont empreintes du plus pur bon sens... Quand elles ne serviraient qu'à donner à réfléchir aux hésitants et aux égarés, elles auraient leur utilité...

Qu'on ne s'y trompe d'ailleurs pas. Une autre question se pose, tout aussi sérieuse.

Et les comédiens?

***

Mon ami Constant Coquelin, se faisant l'interprète de tous ses camarades, hommes et femmes, sans exception et sans distinction, a formulé il y a quelque temps, au nom de l'Association des artistes, de légitimes plaintes : il juge que le système d'accaparement ou d'association — les mots importent peu — causerait un préjudice extrême à toute la corporation...

Pourquoi? objectent, étonnés, les syndiqués.

Mais parce que le comédien qui n'aurait pas le bonheur de vous plaire, messieurs les syndiqués, serait *a priori* écarté de tous les théâtres dont vous prendriez la direction...

Voilà l'argument de Coquelin : il est net, il est précis; il est, j'ajouterai, irréfutable.

Assurément, nos comédiens ont raison de se défendre et de se liguer contre les directeurs qui prétendent payer les seuls *feux* des représentations et non ceux des répétitions; nos comédiens repoussent ces exigences, alléguant qu'une pièce, deux mois répétée, est parfois jouée deux semaines. Vous accomplissez, mon cher Gémier, vous et vos camarades, de la bonne besogne en constituant un syndicat, et nul ne vous en blâme... Prenez garde pourtant : vous êtes plus menacés que vous ne semblez le croire par les trusteurs. Je ne cite aucun nom, aucun théâtre... Mais où vous réfugierez-vous et que deviendrez-vous, je vous le demande, le jour où votre engagement finira, le jour où vous aurez cessé de plaire aux directeurs qui tiendront entre leurs mains puissantes le sort de plusieurs théâtres? Vous gagnerez la province? Mais qui donc vous dit que les mêmes syndiqués n'accapareront pas les théâtres de nos grandes villes? Qui donc vous dit que leur administration n'englobera pas Paris et ses environs, et les plus importants centres de France? Rien ne serait plus facile, songez-y, et c'en serait fini alors de nos théâtres de province, qui aujourd'hui cherchent en vain à résister à la terrifiante et envahissante multiplicité des tournées.

Coquelin, qui a trouvé le moyen de mettre debout si heureusement et si rapidement tant de belles et bonnes choses, envisage ces diverses hypothèses, et on sait l'intelligente ardeur qu'il apporte dans la discussion de tout ce qui touche à l'art dramatique.

Je voudrais que mon ami Coquelin comprît le sentiment qui me pousse à crier gare... Le

Comité des artistes, qui tient séance chaque
semaine et déplore l'absence de son si aimé
président, ne restera pas indifférent à ce qui se
passe. J'ai reçu, ces jours-ci, d'attristantes confidences de comédiens, et je déclare que tous
— les heureux, et à plus forte raison les malheureux — sont terrifiés par ces projets d'accaparement.

En indiquant cet état d'esprit, je remplis un
simple et tout naturel devoir. Il me paraît impossible que les auteurs ne se solidarisent pas
avec ceux qui jouent leurs œuvres... Ceci ne
va pas sans cela : la cause des comédiens est
intimement liée à celle des auteurs : leurs in-
térêts sont les mêmes... Sachons gré au président de l'Association des artistes d'avoir, dès la
première heure, précisé la question et de l'avoir
présentée sous son véritable jour.

Écrivains et interprètes doivent s'unir pour
triompher...

Décembre 1905.

Les Refrains d'Offenbach

Ils ont leur histoire, ces gais refrains que Louis Varney nous rendra samedi prochain, au Châtelet, avec l'extraordinaire distribution que vous connaissez.

C'était pendant l'Exposition de 1900. Les soirées officielles se succédaient les unes aux autres : l'air d'*Hérodiade,* le duo de *Sigurd,* le trio de *Faust* et le quatuor de *Rigoletto* avaient fait le tour des ministères : il s'agissait de renouveler les programmes. On n'avait pas encore eu recours à la danse : l'écueil, c'est que les estrades étroites et les scènes improvisées conviennent mal aux ballets... Le soulier de Coppélia a de singulières exigences : il est fragile, il veut de l'espace. Par bonheur, Mlle Rosita Mauri donna l'exemple : ce fut elle qui, la première, se montra devant nos hôtes royaux. Elle n'avait pas paru en public depuis plusieurs années et mourait de peur; elle n'en remporta pas moins un étourdissant succès et enleva, avec une grâce, un esprit et une crânerie au-dessus de tout éloge, des danses espagnoles d'un joli modernisme, qu'elle s'était ingéniée à confectionner elle-même. Le triomphe de Rosita Mauri décida nos ballerines à grimper sur les estrades ministérielles, et on ne vit plus, durant des mois, que pirouettes, pointes et entrechats : chaque pays avait sa danse et tous les commissaires étrangers débordaient de joie. Tout a une fin, hélas! même la danse... Les Hansen et les Mariquita avaient réalisé des prodiges... Il fallait trouver autre chose et, une fois encore, rafraîchir l'affiche. Ce fut Anna Judic qui tira d'embarras les préposés à l'organisation des Menus Plaisirs officiels.

Blottie dans sa ferme d'Avallon, Anna Judic consentit à chanter — pour une fois seulement! — le *Piouit*, le *Colonel*, et toutes ces joyeuses chansons qui contribuèrent si largement à la fortune de l'aimable Bertrand... Elle fut acclamée... Elle avait juré de ne pas recommencer, mais on sait ce que valent les serments de comédiennes... Un soir, le spectacle fini, elle nous chanta quelques couplets de *la Belle Hélène* et de *la Vie Parisienne*.

La Belle Hélène, pour ceux dont les tempes commencent à s'argenter, c'est, vous le savez, toute la jeunesse... Ce que nous aimons surtout en cette musique endiablée, c'est le souvenir des belles années disparues. En écoutant les savoureuses fantaisies de Ménélas et de Calchas, nous sommes, sans nous en douter, heureux de retrouver des lambeaux d'Homère et de Virgile et des débris des textes grecs et latins, qui nous ennuyaient jadis si fort. *La Belle Hélène*, au fond, c'est notre rhétorique, c'est le pensum des cent vers mot à mot, de même que *la Vie Parisienne*, c'est l'âme du vieux Paris où nous sommes nés, du Paris sans électricité, sans tramway, sans auto!...

Nous écoutions Anna Judic soupirer ces Refrains d'Offenbach, et un tas de vieilles aventures, faites de sourires et de regrets, nous trottaient par la tête. Nous étions pleins de reconnaissance pour cette charmante femme qui, alors qu'elle s'était bien promis de ne plus recommencer, nous murmurait d'une voix discrète, attendrie, et qui sentait elle-même le regret de tant de jolies choses. La soirée touchait à sa fin : les huissiers du ministère éteignaient les dernières chandelles, et l'orchestre entonnait le fameux quadrille d'*Orphée aux enfers,* celui-là même qui emporta, dans son tourbillon frénétique, toute une génération disparue. A droite, à gauche, partout de l'Offenbach...

Cette scène, dont Anna Judic se trouvait être l'interprète principale, se passait au minis-

tère de l'Intérieur; M. Waldeck-Rousseau y
assistait impassible, attendant le départ de ses
invités et roulant machinalement une cigarette
entre ses doigts : il n'avait pas l'air d'écouter;
il n'en avait pas moins tout entendu et si bien
entendu qu'en quelques mots nets et décisifs il
disséqua le talent de Meilhac, Halévy et Offenbach. Cet homme qui, dans la journée, avait
passé trois heures à la Chambre, répondu vic-
torieusement à des interpellations de droite et
de gauche et donné une solution précise aux
questions les plus diverses, trouvait ensuite le
temps de s'occuper de théâtre et de parler savamment d'un art qu'il adorait. Comme j'aurais souhaité qu'on sténographiât ce soir-là sa
causerie familière! Avec quel bonheur d'expres-
sions il indiqua pour quelles raisons d'ordre
social ce genre qui séduisit toute une époque,
toute une génération, subit une naturelle évolution et s'appela, en fin de compte : l'opérette!...
Avec quelle délicatesse il nous montra que les
parodies, les blagues, les irrévérences de *la
Belle Hélène* et de *Barbe bleue,* d'*Orphée* et de
la Grande-Duchesse conservent toujours une
note douce et presque affectueuse de poésie
souriante et d'ironie gracieuse!...

Je rapportai au ministre de l'Instruction pu-
publique, M. Georges Leygues, non pas seulement la scène des Refrains d'Offenbach, mais

aussi les attachants propos tenus sur les trois illustres collaborateurs...

— C'est un poète qui a jugé trois poètes ! fit le ministre.

Il ne nous restait plus qu'à monter un acte d'Offenbach sur la scène de l'hôtel de la place Beauvau... Je me proposais de « fragmenter » *les Contes d'Hoffmann* et m'apprêtais à soumettre mon projet à l'ingénieux directeur de l'Opéra-Comique lorsque je devins le voisin de campagne de mon ami Louis Varney. J'étais sauvé. Varney me voyait en proie à une noire tristesse : je lui confiai ma peine ; j'avais la mission de varier les programmes ministériels et je ne trouvais plus une seule idée... Ici, au Commerce, on remontait *la Corde sensible,* cette *Corde* dont raffolait Sarcey et qu'exècre notre Catulle Mendès ; là, à l'Agriculture, on mettait à la scène des petits actes nouveaux. Comment faire pour renouveler cet officiel répertoire ?

— Nous allons relire, répondit Varney, toutes les œuvres d'Offenbach, les célèbres et les oubliées... Nous en extrairons des airs et des refrains et, ce travail terminé, je prierai Gandillot de mettre des paroles sur ces airs. Nous coudrons alors les scènes entre elles et nous aurons ainsi une revue très sommaire, mais, je crois, très amusante. Nous réunirons une douzaine d'artistes ; nous distribuerons les rôles ; nous louerons des costumes ; nous recruterons un petit orchestre, et tout cela bien soudé, bien présenté, tirant l'œil, constituera un spectacle vraiment nouveau. Nous appellerons cet acte : *les Refrains d'Offenbach.*

Aussitôt dit, aussitôt fait... Gandillot se mit à la besogne, piocha son Offenbach qu'il connaît d'ailleurs comme pas un, et composa un prologue explicatif tout exprès pour Mme Simon-Girard. On collationna, on apprit, on joua et on triompha. Bien entendu, Varney avait réservé à Anna Judic les célèbres couplets du *Docteur Ox* et de *la Grande-Duchesse.* Nos deux étoiles de l'opérette devenaient, sous l'œil malin de notre ami Cadet, merveilleux compère, les protagonistes de ces Refrains...

Les répétitions de cette sémillante fantaisie, auxquelles Mme Waldeck-Rousseau voulait bien assister, furent délicieuses, trop courtes, et je crois bien que les auteurs, les artistes, les décorateurs et tous nos collaborateurs gardent de ces fêtes un souvenir sincèrement ému.

Tout à l'heure, au Châtelet, lorsque l'avertisseur lancera le traditionnel « En scène pour les refrains ! » nous serons quelques-uns à revivre ces heures charmantes et déjà si loin de nous... Et tristement nous songerons au grand disparu, au poète jugeant les trois poètes...

Janvier 1906.

Autour de la Reprise
des « Caprices de Marianne »

Une des plus délicieuses fantaisies de Musset, *les Caprices de Marianne,* va reparaître et accompagner sur l'affiche de la Comédie-Française *le Réveil,* l'admirable drame de M. Paul Hervieu.

Il faut remercier M. Jules Claretie de maintenir, avec tant de soin, le répertoire de Musset... Ce que j'écrivais l'autre jour à propos du théâtre de Meilhac-Halévy-Offenbach, je le répète aujourd'hui pour Musset : il n'est pas un de nous qui, sur les bancs du collège, n'ait rêvé de Marianne et de Jacqueline comme de Boulotte et d'Hélène. Nos trop courtes récréations se passaient à discuter l'interprétation de *Il ne faut jurer de rien,* de *On ne badine pas avec l'Amour,* du *Chandelier* ou des *Caprices,* et nos heures d'études s'employaient à versifier des sonnets à l'adresse de Sophie Croizette. Nous n'avions alors que les matinées de Ballande, où Sarcey, Émile Deschanel, Legouvé et Henri de La Pommeraye, conférenciers éminents, commentaient les textes classiques... Nous demandions à Ballande d'afficher Musset, mais notre homme, en sa solennité doctorale, n'admettait pas de telles licences. Ces œuvres-là ne convenaient pas aux lycéens... Elles faisaient partie des corbeilles de noces : les jeunes maris élégants — les cocodès! — les offraient à leurs épouses, pour leur former l'esprit... Et M. Villemain, un des princes de la critique, proclamait qu'il fallait aimer Musset pour sa prose et non pour ses vers, ce à quoi Sainte-Beuve, répondait par la fameuse apostrophe : « *Les Nuits* sont immortelles : rien ne les abolira... Tant qu'il y aura une France et une poésie française, les flammes de Musset vivront comme vivent les flammes de *Sapho!* » J'ai souvent revécu toutes ces heures de jeunesse en compagnie du plus parfait interprète de Musset, notre cher ami Delaunay.

Quoi d'ailleurs de plus séduisant que de faire parler un comédien de son auteur favori? José Dupuis, qui marquait d'un trait si puissant les personnages de Meilhac et Halévy, excellait à expliquer ses rôles. Il fallait l'entendre le soir, à la brasserie, après le spectacle, conter, entre un bock et un sandwich, une histoire de coulisses... Son récit prenait les allures d'une vraie comédie : les temps, les effets, tout y était dosé avec un art merveilleux des nuances; nous avions devant nous un personnage échappé du théâtre de Meilhac et Halévy, qui gesticulait, qui pensait, qui vivait.

A l'exemple de José Dupuis, Delaunay possédait l'art de faire revivre à la ville ses personnages de théâtre... Vieilli, malade, attristé (je vous ai dit les raisons de cette mélancolie), notre ami retrouvait toute sa jeunesse dès qu'il évoquait les souvenirs de la scène. Quelle grâce avisée! Quelle ardeur entraînante! Nous l'écoutions, ravis, et nous revoyions et Perdican, le front mâle et fier, et Fortunio, la joue en fleur gardant les roses de l'enfance, et Valentin s'avançant le talon sonnant, l'œil au ciel, assuré de sa conquête, plein de la joie et de l'orgueil de vivre... Tout un printemps de poésie et de jeunesse éclatait soudain en ce vieillard métamorphosé et comme sortant d'un rêve...

Ce que c'est, d'ailleurs, que cet art prestigieux du théâtre! Une autre interprète de Musset, Mme Favart, la frémissante Camille d'*On ne badine pas avec l'Amour*, débitait, il y a quelques jours, devant moi, le couplet de Camille, et commentait, en termes d'une rare justesse, ce rôle de Marianne qu'elle ne joua que par hasard.

— Par hasard, reprit-elle pleine d'enthousiasme, comme si elle s'apprêtait à entrer en
scène. J'ai joué Marianne parce que ma camarade, Madeleine Brohan, qui en était la titu-
laire, tomba subitement malade... Mais ne
vous y trompez surtout pas... Marianne est une
coquette, une grande coquette... Vous y avez
applaudi tour à tour Madeleine Brohan, Croizette, Gabrielle Tholer, Marie-Louise Marsy. Il
est donc tout naturel que ce soit la Célimène
du théâtre, Mlle Sorel, qui s'empare aujourd'hui
d'un rôle qui ne relève ni des amoureuses ni
des jeunes premières. Je sais qu'en cataloguant
ainsi les emplois je vous semble terriblement
vieux jeu. Mais c'est notre rôle d'être vieux jeu,
c'est notre seule raison d'être... Le vieux jeu, ce
n'est pas la routine, ce n'est pas le ronron de la
tragédie ou de la comédie, c'est une tradition
très noble qu'on raille parfois, une tradition
que nous ont léguée nos anciens, et que nous
devons, nous, transmettre à nos plus jeunes.
Sans cette tradition, qui n'est pas du tout la
routine, la représentation des œuvres du répertoire serait impossible...

Mme Favart passa à l'examen des personnages
des *Caprices*. Non! rien ne peut donner une
idée de l'extraordinaire lucidité de cette dé-
monstration. Octave, Cœlio, Claudio, Tibia,
Hermia, Ciuta elle-même, étaient déchiquetés,

et, avec cela, que d'anecdotes lestement trous-
sées, savamment adaptées au goût du jour et à
l'optique du théâtre actuel! Toute la Comédie-
Française d'autrefois défilait devant nous... Ici,
Il ne faut jurer de rien, divinement joué par
Delaunay, Thiron, Got et Mmes Suzanne Reichenberg, idéale Cécile, et Madeleine Brohan,
adorable baronne... Là, *On ne badine pas avec
l'Amour*, Delaunay-Perdican, et encore Thiron,
et Suzanne Reichenberg, et Barré, et Clémen-
tine Jouassain, inoubliable Dame Pluche, et
Julia Bartet, digne et triomphante héritière de
Maria Favart... Et *le Chandelier*, où Febvre
Thiron, Sophie Croizette-Jacqueline, et Jeanne
Samary rivalisaient de talent et entouraient
notre glorieux Fortunio-Delaunay! Et ces *Caprices*, joués par Got, Bressant, Delaunay,
Coquelin, Worms, Sophie Croizette-Marianne
et Madeleine Brohan, laquelle endossait le costume d'Hermia après avoir si joliment porté
celui de Marianne!...

Eh! oui, toutes ces représentations, nul ne
le conteste, éblouirent notre jeunesse. Mais,
sans vouloir diminuer aucunement le mérite
de Perrin, qui sut plutôt diriger que prévoir, ne
convient-il pas de remarquer, une fois encore,
que le théâtre moderne subissait, à cette époque,
un temps d'arrêt?... Les dramaturges de la
Comédie ne se faisaient pas très nombreux;

Augier et Pailleron avaient seuls vraiment droit
de cité chez Molière, d'où on excluait injustement et Dumas, et Sardou, et Meilhac et Halévy, qui se réfugiaient, les uns au Gymnase et
au Vaudeville, les autres aux Variétés et au
Palais-Royal.

Les temps ne sont plus les mêmes aujour-
d'hui. Ainsi que mon ami et brillant confrère
Adolphe Brisson l'expliquait, toute une révolution théâtrale s'est opérée, et jamais peut-être
les écrivains qui trouvèrent dans le roman
leurs premiers succès ne témoignèrent plus de
goût pour le théâtre... Le premier d'entre eux,
M. Paul Hervieu, à qui nous devons deux chefs-
d'œuvre, *l'Armature* et *Peints par eux-mêmes,*
s'empare en maître et d'emblée de la scène et y
ressuscite la belle tragédie classique. Sa *Course
du flambeau* n'est-elle pas le chef-d'œuvre de ces
vingt dernières années? M. Henri Lavedan
passe de la comédie légère au drame de caractères et oublie *Sire* et *la Haute;* M. Alfred
Capus ne se soucie plus du joli *Qui perd gagne*
et des si savoureuses *Années d'aventures;* le
hardi écrivain du *Calvaire,* M. Mirbeau, nous
offre une belle comédie de mœurs; M. Marcel
Prévost est encouragé par la réussite de *La plus
faible,* et l'exquis poète d'*Eux* et d'*Ailleurs,*
Maurice Donnay, ne songe plus qu'au théâtre.

De même pour nos comédiens... Si les em-

plois se confondent, si la classification en est
moins précise que jadis, c'est que la comédie
moderne complique singulièrement la tâche de
l'interprète. L'auteur a des exigences : il réclame ses comédiens, il les accapare. La première artiste du théâtre, Mlle Bartet, joue suc-
cessivement *le Dédale*, *Notre Jeunesse*, *le Duel*
et *le Réveil*, et ce n'est pas sa faute si ses ra-
dieuses apparitions de Bérénice, d'Iphigénie,
de Camille ou de Sylvia deviennent rares...

Tout cela empêche-t-il que cette tradition,
qui est, en effet, la force de la Comédie, soit
maintenue non seulement par les artistes, mais
surtout par son chef?... Les départs, les re-
traites, rien n'y a fait : la Maison reste solide,
indemne, pleine de réserves pour l'avenir. Que
n'avait-on, par exemple, prédit, lors du départ de la charmante comédienne qui tint, pour
la dernière fois, ce rôle de Marianne, des *Caprices*, Mlle Marie-Louise Marsy?... La grande
coquette s'en allait et emportait avec elle *Tartufe* et *le Misanthrope*...

Et voici qu'à l'instant même où l'on pleurait
Elmire et Célimène, une autre grande coquette,
Mlle Sorel, s'installe rayonnante dans un emploi particulièrement difficile, s'acquitte de sa
tâche avec le plus rare talent, réussit au delà de
toutes espérances et trouve le moyen de jouer,
à la satisfaction de tous, Elmire, Célimène, la

comtesse de *Figaro*, et aussi un grand et terrible premier rôle du répertoire moderne, Suzanne d'Ange, du *Demi-Monde*. Que d'énergie intelligente il lui fallut pour devenir une si remarquable comédienne!

C'est la Marianne de demain qui, au début des représentations classiques de la Comédie-Française à travers les faubourgs de Paris, demandait à M. Claretie, qui voulait bien l'y autoriser, de jouer Célimène à Belleville et à Montmartre, à la Villette et à Grenelle, avant de prendre définitivement possession du rôle à la Comédie-Française : elle pensait que ces représentations préparatoires constituaient les meilleures des répétitions.

Je puis bien rappeler aujourd'hui que ce succès fut décisif pour l'avenir d'une Œuvre qui m'est particulièrement chère, et j'ai plaisir à évoquer ce souvenir personnel, le jour même où la grande coquette, passant de Molière à Musset, s'apprête à remporter une nouvelle victoire...

Février 1906.

Chez M. Ernest Reyer

AU LAVANDOU

Chaque année, vers la fin de novembre, l'illustre compositeur de *Sigurd* et de *Salammbô* boucle ses malles et quitte Paris : il a ce que Théophile Gautier appelait la nostalgie de l'azur ; il veut revoir sa Méditerranée. Qui de nous ne connaît cette maladie du bleu? Nos nuits sont troublées par des hallucinations d'outre-mer et d'indigo : le mal se développe après une saison pluvieuse, sous l'influence d'une atmosphère grise, attristée de brouillard.

J'avais eu, il y a deux mois, l'honneur de rendre visite à M. Reyer. J'avais escaladé le cinquième de la rue de la Tour-d'Auvergne. Midi sonnait, et, sur une large table, les olives voisinaient avec les anchois, les sardines avec les crevettes.

4.

— Ça ne vous donne pas envie, cette petite débauche de hors-d'œuvre? me demanda M. Reyer, en train de faire sa barbe... Allons, asseyez-vous là! Ah! c'est vrai... le régime! Vous voyez mon régime, à moi! Et je ne m'en porte pas plus mal!

Je dus, à mon grand regret, résister... J'insistai pour que M. Reyer retardât son départ. On allait reprendre *Sigurd,* qui n'avait pas été représenté depuis plusieurs mois; une jeune lauréate des derniers concours du Conservatoire débutait en Brunehilde. Mais le soir du départ était fixé, le sleeping commandé, l'arrivée à Marseille au vieil hôtel des Phocéens annoncée... Je soumis alors à M. Reyer un projet de « Soirée Reyer ». A ces seuls mots, il bondit et se serait même fâché tout rouge s'il ne s'était agi de nos Trente Ans de théâtre auxquels il donna déjà tant de marques d'une particulière sollicitude.

Nous convînmes qu'au printemps, au retour du Lavandou, son jeune ami Catherine, un des meilleurs chefs de chant de l'Opéra, élaborerait un programme. On pourrait y inscrire des fragments de ce bel *Erostrate* que M. Gailhard songe à remonter et qui, accompagné d'un ballet du répertoire, constituerait un fort attrayant spectacle... N'avons-nous pas, d'ailleurs, assisté au Grand-Opéra de Marseille, il y a quelques

années, à une reprise de cet *Erostrate,* magnifiquement chanté par M. Delmas?... En cette
même « Soirée Reyer », la délicieuse Carlotta
Zambelli danserait un pas de *Sakountala,* une
jolie œuvre de jeunesse. Enfin, Mme Rose Caron
ne refuserait pas de nous prêter ce soir-là l'appui de son incomparable talent.

— Regardez-la, Mme Caron, s'écria M. Reyer
en riant... Elle accepte !...

Je m'imaginais que Mme Caron entrait...
J'étais simplement placé sous un admirable
portrait de la créatrice de *Sigurd* et de *Salammbô.* Ce tableau emplit une des chambres
de ce modeste logis : il l'éclaire tout comme le
portrait du compositeur illumine le salon de
l'interprète.

Je partis... Je lançai un dernier regard aux
harengs non autorisés et aussi à la magnifique
collection de pipes plus culottées les unes que
les autres. Quant au déjeuner, il fut remis d'un
commun accord à quelques semaines plus tard
au Lavandou, seconde patrie de M. Reyer.

*
* *

J'ai donc pris mercredi dernier le chemin du
Lavandou. Je me trouvais de passage à Nice et

venais d'applaudir le *William Ratcliff* de MM. Louis de Gramont et Xavier Leroux, quand on m'annonça que M. Reyer était très souffrant : les journaux confirmaient cette mauvaise nouvelle. Je courus au télégraphe et, pour ne pas inquiéter le malade, j'adressai ma dépêche à son concierge. Le lendemain, dès l'aube, je recevais un télégramme ainsi conçu : « Vais très bien. Serai enchanté de vous voir. — *Signé :* ERNEST REYER. » Ce libellé m'indiquait clairement que le glorieux châtelain du Lavandou maudissait les reporters auteurs de la fausse nouvelle. La note en question n'en avait pas moins fait le tour des journaux de Paris et de province... Quant au bureau de télégraphe du Lavandou, il était en révolution : les dépêches pleuvaient de tous les coins du monde. On voulait savoir la vraie vérité.

Le Lavandou est un modeste village situé entre Hyères et Saint-Raphaël : une plage délicieuse, une auberge confortable, une petite gare et la maison de M. Reyer qui domine tout le pays, et c'est tout... De temps à autre, on aperçoit un paysan qui vous salue ; tout le long de la route d'Hyères au Lavandou, rien que des mimosas qui tombent de partout et dont on hume le parfum... Avec cela, un soleil radieux qui nous donne la joie au cœur, une joie d'autant plus vive que, trois jours auparavant, nous quittions Paris couvert de neige. C'est le printemps dans tout son éclat ; les mimosas, les violettes, les œillets, tout embaume ; il nous semble que cette route d'Hyères au Lavandou est la plus belle et la plus courte du monde... Comme nous comprenons alors les causes de la nostalgie du bleu et pourquoi le cinquième de la rue de La Tour-d'Auvergne est si ponctuellement abandonné chaque année à l'heure précise !

M. Reyer est installé sur son balcon ; il est debout, sans pardessus, un béret de matelot sur la tête ; il nous guette et nous appelle ; nous grimpons dans la chambre à coucher.

— C'est gentil d'avoir adressé une dépêche à mon concierge pour ne pas m'inquiéter ! Seulement, vous remarquerez que mon seul portier, c'est moi-même. Quant à ce canard stupide d'après lequel je serais sur le flanc, nous verrons ça... Je ferai mon enquête... Ces choses-là ne devraient pas être permises...

Je ne me trompais pas. Le ton est celui d'un homme fort bien portant, et aussi fort en colère, qui n'aime pas qu'on parle de lui et qui veut qu'on lui laisse la paix. Vous pensez bien que nos confrères des départements du Var et des Alpes-Maritimes, rendus responsables de l'incident, reçoivent force malédictions... Mais on sent si bien que sous toutes ces gronderies se cache une bonté bourrue... Que de fois on fit grief à M. Reyer — comme naguère à notre pauvre ami Becque! — de ces mots à l'emporte-pièce déchiquetant tout un homme! Que de fois, lorsque M. Reyer rédigeait le feuilleton musical des *Débats*, on lui reprocha sa sévérité! Et quel dommage tout de même que ces articles, chefs-d'œuvre de saine observation, n'aient pas été réunis en volumes! On constaterait que pour lui la vraie critique consiste à juger les œuvres et à en signaler les défauts et les qualités d'après des règles stables, immuables, qu'on peut interpréter avec plus ou moins de largeur, mais qu'on ne doit jamais perdre de vue. On constaterait que M. Reyer pesta sans cesse contre les abus et les marchandages... Avec quel cœur — j'ai été le témoin de faits que je n'oublie pas — il s'employa à aider Chabrier, le musicien de *Gwendoline* et de *Briséis*, et Jon-cières, le musicien de *Dimitri* et du *Chevalier Jean!* C'est qu'il avait lui-même, durant de longues années, effroyablement souffert de ces cruelles injustices, lui à qui nous devons deux des plus rayonnants chefs-d'œuvre de notre musique française!...

Je songeais, en reprenant la route d'Hyères, aux « réparations » de *Sigurd* et de *Salammbô*, aux triomphales soirées de Bruxelles d'abord, à celles de Paris ensuite, et le mot de ce ministre

de l'Instruction publique, ami particulier de
M. Reyer, me revenait à la mémoire :

— Un grand musicien, Reyer ! Et aussi un
grand poète !

Un musicien, un poète, oui, certes. Mais
aussi un sage. Ce coin ensoleillé du Lavandou
est un des bienfaits de la Nature...

Février 1906.

La Fête du Poète

A Monsieur Silvain.

Nous allons donc, chez vous, entre amis, mon cher Silvain, fêter Jean Aicard. Vous avez joué cent fois *le Père Lebonnard,* vous avez promené cette belle œuvre à travers le monde, et partout vous avez fait acclamer le nom aimé du poète.

Vous souvenez-vous de notre première rencontre en cette villa d'Asnières, il y a vingt-six ans, — eh oui! vingt-six ans! — ce qui ne nous rajeunit ni vous ni moi... Vous étiez nouveau pensionnaire de la Comédie : vous aviez débuté dans *Phèdre,* sous les traits du farouche Thésée; Sarah Bernhardt jouait Phèdre; Mounet-Sully, Hippolyte, et Blanche Barretta, Aricie. Vous sortiez du troisième Théâtre-Français où Ballande régnait en maître, et vous vous apprêtiez à prendre, à la Comédie, la succession de

Maubant. Par malheur, votre chef d'emploi tenait plus encore à ses rôles qu'à son billard ; vous marquiez le pas ; Perrin vous confinait dans les confidents de tragédie et de comédie : Narcisse, de *Britannicus* ; Félix, de *Polyeucte* ; le Roi, du *Cid* ; Ariste, des *Femmes savantes* ; Cléante, de *Tartufe* ; et, impatiemment, vous attendiez don Diègue, le vieil Horace, Burrhus, Auguste, Mithridate — et surtout Tartufe qui devait vous assurer le sociétariat.

C'était chez vous que je prenais mes premières leçons de théâtre, entre Armand Silvestre et Paul Burani... Silvestre nous contait — comme il savait conter ! — ses débuts dans l'administration des Finances, où on l'avait bombardé bibliothécaire ; Paul Burani, dont j'étais le collaborateur à *l'Estafette* de Léonce Détroyat, se reposait sur les lauriers du *Cabinet Piperlin*, joué à l'Athénée du joyeux Montrouge : il rêvait, lui, le chansonnier des *Pompiers de Nanterre* et de *C'est le Sire de Fich'-ton-camp*, de présenter un important ouvrage à la Comédie, et, doucement, vous lui montriez que la place n'était pas libre... Vous ne songiez pas encore, mon cher Silvain, à ce Conservatoire dont vous êtes aujourd'hui, soit dit sans reproche, le doyen, et je ne me doutais guère que tous deux, ensemble, la main dans la main, nous collaborerions à ces spectacles classiques de faubourgs, qui ont trouvé en notre ami Cadet et en vous, non pas seulement d'admirables interprètes, mais deux de leurs plus utiles avocats.

Armand Silvestre et Paul Burani nous ont quittés... Il y a quelques mois, à Toulouse, vous honoriez pieusement le poète de *Grisélidis,* et voici qu'aujourd'hui, avec la même indépendance, vous donnez à Jean Aicard la revanche qu'on lui doit. Laissez-moi donc vous remercier de m'avoir convié à cette fête du poète, et permettez-moi, à ce propos, de vous conter une petite histoire.

* *

L'autre semaine, au Lavandou, rendant visite à M. Reyer, je m'amusais non sans indiscrétion à lire les dédicaces inscrites au bas des portraits qui couvrent les murs du salon. L'image de Jean Aicard était là, à la première place, et, tandis que je déchiffrais les hiéroglyphes du poète, je songeais à cette si jolie fête qu'offrirent, il y a quatre ou cinq ans, les Cigaliers à M. Reyer. Les Cigaliers, vous le savez, ce sont les amis de notre Provence, des

Cadets de Gascogne un peu assagis. Le maître avait à sa droite son intime ami M. Georges Leygues, ministre de l'Instruction publique et des Beaux-Arts ; à sa gauche, M. Jean Aicard. Le voisin de droite, de sa voix superbe et claironnante, célébra la Provence : avec un art infini, il nous montra que ce qui constitue le charme de notre grand pays de France, c'est l'attachement à chacune de nos petites patries. L'allocution entraînante du ministre valait le délicieux couplet que vous n'avez pas oublié, et que vous retrouverez en une récente et retentissante comédie de Maurice Donnay. M. Reyer chercha à répondre à M. Leygues : il le remercia, il le salua, puis il balbutia et fondit en larmes. J'étais moi-même assis à côté de Jean Aicard, qui, au moment où il allait prendre la parole et suppléer M. Reyer, me dit tout bas, la voix étranglée par l'émotion :

— Je ne pourrai jamais !...

Aicard s'approcha de M. Reyer sans que personne s'en aperçût, et, lui aussi, il pleura...

La scène, mon cher Silvain, qui ne dura que quelques secondes, valait par son extrême simplicité. Je connaissais et aimais depuis bien des années le glorieux musicien de *Sigurd* et de *Salammbô*. Quant à Jean Aicard, je l'avais autrefois entrevu à la Comédie, pendant les répétitions de cette *Smilis* sur laquelle on comptait tant et qui tomba si injustement. Got, Gustave Worms, Frédéric Febvre, Suzanne Reichenberg, la distribution était belle pourtant... Perrin croyait à la pièce et lui donnait tous ses soins : peut-être la monotonie des uniformes de marins effraya-t-elle le public... Est-ce qu'on sait d'ailleurs jamais pour quelles raisons une pièce échoue?... *Le Prix Martin*, d'Augier et Labiche, et *le Prince*, de Meilhac et Halévy, et *Gotte*, de Meilhac, et *Bourgeoisie*, de Capus, et *l'Affranchie*, de Donnay, et *le Pardon*, de Gandillot, et l'admirable *Michel Pauper*, d'Henry Becque, — toutes ces œuvres-là tombèrent pour être venues avant l'heure... Pauvre *Smilis!* Qui dit qu'Antoine n'aura pas l'idée de la ressusciter un jour?

Je ne connaissais, vous le voyez, que fort peu Aicard, mais la toute petite scène qui se passait au banquet des Cigaliers était de celles qui restent dans la mémoire et aussi dans le cœur... Je compris alors pourquoi vous cherchiez, par tous les moyens possibles, à faire représenter *le Père Lebonnard* sur la scène même de *Smilis :* vous vouliez pour votre ami un succès digne de lui, et vous avouerez que M. Jules Claretie le lui offrit fort galamment...

* *
*

Je n'ai plus revu Jean Aicard depuis le soir
où la vibrante parole de M. Georges Leygues
nous transportait en Provence... Je ne pus
assister à cette triomphale représentation du
Père Lebonnard au théâtre d'Asnières, qui fut
comme le prélude de la décisive victoire à la
Comédie, et quand je montai dans votre loge le
soir de la première du *Père Lebonnard* chez
Molière, quand je vous demandai des nouvelles
du poète, vous me répondîtes, pleurant vous
aussi à votre tour, mon cher Silvain :

— Il se cache... Peut-être a-t-il déjà repris
le train pour son pays...

Son pays! Le pays du poète! L'air de la province! Le clocher du village! Jean Aicard est
de ceux qui fuient notre capitale et qui loin de
nous, loin des agitations fébriles de la cité,
rêvent au milieu des arbres et devant la mer
silencieuse... Il redoute Paris : il n'y croit pas...
Je m'imagine qu'il fait ses vers en barque, le
long de quelque rivage ensoleillé, ou bien le
coude appuyé à la fenêtre d'une maison de pê-
cheur... N'est-ce pas un autre musicien de la

Poésie qui écrivait : « Notre mer méditerranénne ne paraît pas grande ; les vagues, même quand elles sont hautes, se déroulent avec lenteur dans une espèce de rythme régulier : quelles que soient la force du vent et l'agitation du flot, le bord du ciel se termine invariablement par un interminable ourlet d'indigo. »

Vous êtes poète, vous aussi, mon cher Silvain, et charmant poète : vous aimez ces interminables ourlets d'indigo qui vous donnent la sensation de l'infini... Mais vous savez tout de même, vous le parfait interprète de Corneille et de Racine, vous le *mainteneur* — excusez le mot — des nobles traditions classiques, que Paris seul consacre les succès et distribue les couronnes. Et voilà pourquoi vous arrachez, durant quelques heures, Aicard à sa chère province et préparez, chez vous, la fête du Poète...

Février 1906.

Pailleron et ses interprètes

La représentation donnée en l'honneur d'Édouard Pailleron a été des plus brillantes. L'organisatrice, Mme Suzanne Reichenberg de Bourgoing, tenait à célébrer dignement l'écrivain qui lui prépara tant de rôles, autrement dit tant de succès. Ses camarades de la Comédie-Française la secondèrent dans sa tâche; l'administrateur général remonta, pour la circonstance, un acte aussi aimable qu'oublié, *le Parasite*, qui, s'il n'ajoute rien à la gloire de Pailleron, ne la diminue pas non plus; M. Albert Carré mit la salle de l'Opéra-Comique à la disposition de l'organisatrice, et, grâce à toutes ces bonnes volontés, nous aurons bientôt, après tant d'atermoiements, un monument Pailleron.

Mais se doute-t-on de ce que Mme Suzanne Reichenberg consacra de temps à l'œuvre qu'elle poursuivait?

Les représentations à bénéfice, celles qu'on appelle des *galas,* se multiplient aujourd'hui à un point tel que les organisateurs sont contraints de faire des tours de force pour arriver à un résultat possible. Les tours de force, c'est le programme qui doit contenir des attractions, des clous, des actes inédits, des choses qu'on ne voit pas tous les jours ; c'est le placement obligatoire des billets, et quelle besogne que celle-là ! C'est aussi la marche du programme, car rien ne peut contre nos chères conventions exigeant que deux diseurs ne « passent » pas l'un après l'autre ; c'est l'affiche, que Morris, toujours surchargé de besogne, ne livre pas à l'heure promise ; c'est la grosseur typographique du nom de l'étoile, de la demi-étoile, du quart d'étoile... Et j'oublie mille autres graves questions, celle des voitures incommodes, celle de la température, qu'on rend responsable des accrocs de voix, des manques de mémoire et des rhumes...

La Comédie-Française, à laquelle s'adressa Mme Reichenberg, fait exception à ces règles. Elle se distingue par le bon ordre ; la tradition s'y est maintenue non seulement sur la scène, mais aussi dans la coulisse. Lorsqu'on franchit le seuil de la Maison, on a la sensation qu'elle est savamment ordonnée. La tenue rigide des employés, leur correction de langage, leur façon polie, mais sévère, d'indiquer le couloir de droite et la loge de gauche, le regard discrètement courroucé que lance la « part entière » au visiteur distrait qui garde son chapeau sur la tête devant le buste de Rotrou, tout cela est d'une élégante solennité...

*
* *

Tandis que la matinée Pailleron se donnait à l'Opéra-Comique, j'assistais, en province, à une représentation de *la Souris;* — en province royale s'entend! — les interprètes s'appelaient Mmes Réjane, Judic, Marcelle Lender, Marthe Régnier, Suzanne Avril et M. Pierre Magnier.

En écoutant ce sextuor, je songeais aux créateurs de la Comédie-Française : je revoyais notre ami Worms, adoré de quatre femmes à la fois. *La Souris* ou *le Triomphe d'Arnolphe,* écrivait M. Jules Lemaître, insistant sur cette particularité qu'Arnolphe compte, comme Max, quarante-cinq années, et ajoutant, non sans malice, que toutes ces robes papillotantes autour d'une jaquette, toutes ces bouches roses autour d'une moustache, toutes ces poules subtiles autour d'un coq, constituent le plus attrayant spectacle. *La Souris,* à la vérité, est bien le type de la pièce à femmes.

Que l'ingénue, la Souris, naguère représentée par Mme Suzanne Reichenberg et aujourd'hui par Mlle Marthe Régnier, ait toutes les insupportables vertus de la petite fille sortant du couvent; que ses timidités et ses silences sentent l'artifice; que le procédé, le convenu et l'irritante adresse éclatent dans tous les coins de cette comédie presque trop bien agencée; que *la Souris* soit *l'Étincelle* délayée en trois actes et agrémentée d'un dénouement retourné, on n'en disconvient pas! Mais est-ce que les six artistes qui interprètent, en cette royale province, — et deux fois seulement! — cette *Souris,* se seraient amusés, pour le seul attrait de leur art et de deux magnifiques cachets, à apprendre des milliers de lignes s'ils n'y avaient pas pris un particulier plaisir?

Notre regrettée amie Madeleine Brohan, qui fut une des artistes favorites de Pailleron, nous donnait un jour les diverses causes du succès persistant des ouvrages de Pailleron.

— Comptez, nous disait-elle, ce qu'il y a de rôles de femmes dans une pièce de Pailleron! *L'Étincelle,* deux rôles de femmes contre un seul rôle d'homme... Même proportion dans *le Monde où l'on s'ennuie* et *le Monde où l'on s'amuse...* Et *la Souris?* Cinq femmes contre un

seul homme... Et *l'Age ingrat?* et les petits
actes. *l'Autre Motif, le Narcotique* ou *Pendant
le Bal?* Et même, si vous remontez plus haut,
les Faux Ménages? Notez avec quelle science
particulière ces rôles sont présentés, posés,
nuancés, développés, comme ils sont « théâtre »
et comme les effets en sont sûrs. Ne vous
y trompez pas!... Toutes ces raisons font
qu'hommes et femmes, nous sommes tous et
toutes ravis de jouer du Pailleron... Ces rôles-là
portent, chaque réplique est à sa place, et
point n'est besoin de montrer un talent extraordinaire pour provoquer l'applaudissement.
Croyez bien que je n'ai aucun mérite, non,
aucun, à avoir du succès dans la duchesse de
Réville. Il n'y a qu'à se le dire, ce rôle-là, et
qu'à s'y laisser applaudir! Enfin, et vous pouvez vous fier à moi qui tins tous les emplois,
les jeunes premières, les grandes coquettes et
les mères, Pailleron est avant tout un homme
de théâtre : il respecte les conventions et surtout il se rend excellemment compte des
moyens de ses interprètes; il ajuste les rôles
aux qualités et aux défauts de chacun.

Cela était la vérité même. Pailleron n'a été
certes ni Musset ni Marivaux, mais il s'était
rompu à leurs procédés et il les imitait fort
bien : il n'était peut-être pas un maître; il n'en
était pas moins le plus ingénieux des disciples,

ce qui est déjà beaucoup... Nous écoutions Madeleine Brohan : nous étions groupés autour d'elle, et, quatre fois par semaine, nous prenions le chemin du foyer de la Comédie-Française. Je ne crois pas que ce foyer ait jamais été plus gai qu'en ce temps-là, sous le règne de la duchesse de Réville. Les soirées du *Monde où l'on s'ennuie!* Henri Lavoix, ami de l'auteur et un des lecteurs du théâtre avec Adrien Decourcelle; Eugène Provost, le fils de l'illustre comédien; notre regretté camarade Gosselin, sténographe à la Chambre des Députés; nos confrères René Benoît et Maurice Varet, débutant dans la presse, et Léo de Leymarie, et Perrot, et tant d'autres.

L'été nous faisions — ô scandale! — apporter des *lemons squash* qu'on dégustait sous le buste de Molière effarouché, et Émile Perrin, passant un soir par là et entr'ouvrant la porte du foyer, de murmurer de sa voix nasillarde :

— Un TRINK-HALL à la Comédie-Française!... Il faudra le fermer...

On le fermait durant deux ou trois soirs, et on le rouvrait ensuite, à moins que notre ami Frédéric Febvre, le plus exact et aussi le plus sévère des semainiers, n'en décidât autrement. Oh! vos semaines, mon cher Febvre, souvenez-vous-en! Vous nous expulsiez alors, Gustave Ollendorff et moi, de la Comédie-Française, lorsque à deux heures de l'après-midi, après le déjeuner et avant de regagner nos bureaux de la rue de Valois, nous allions prendre l'air de votre grande Maison !

*
*

Le Monde où l'on s'ennuie! J'ai devant moi, encadrée, l'affiche de la première représentation : 25 avril 1881. Vingt-cinq années de théâtre! Madeleine Brohan était acclamée : certes, le personnage, ainsi qu'elle le faisait remarquer, était merveilleusement campé par l'auteur, mais elle y répandait tant de sourire, de bonhomie et de charme!... Une carrière nouvelle, une carrière plus rayonnante encore que la première, s'ouvrait pour elle : Philaminte des *Femmes savantes,* la baronne de Vaubert de *Mademoiselle de la Seiglière* et celle de *Il ne faut jurer de rien,* la marquise de Villemer, allaient trouver, en l'Elmire et en la Célimène d'autrefois, une idéale interprète... Suzanne Reichenberg se montrait une délicieuse sous-préfète : longtemps on lui avait fait attendre la part entière, longtemps ses camarades du comité, en dépit des retentissantes campagnes de Sarcey, avaient prétendu qu'une ingénue, par son emploi même, doit rester au second plan et ne pas avoir de trop hautes ambitions, et l'artiste n'en continuait pas moins à jouer, comme nul ne les avait joués avant elle, et comme nul sans doute ne les jouera jamais plus, l'Agnès de *l'École des Femmes*, la Marianne de *Tartufe* et de *l'Avare*, la Cécile de *Il ne faut jurer de rien*, la Rosette de *On ne badine pas avec l'amour*, la Suzel de *l'Ami Fritz*. Jeanne Samary, au contraire, était rapidement promue au sociétariat. Ses succès de *l'Étincelle* et du *Monde où l'on s'ennuie*, venant après celui de *Petite Pluie*, où, entre Frédéric Febvre, Mmes Arnould-Plessys et Émilie Broisat, elle esquissait si gaiement une silhouette de paysanne, attestaient que le comité d'administration ne s'était pas trompé en lui octroyant de bonne heure les galons si enviés de sociétaire.

Aux côtés de Madeleine Brohan, de Suzanne Reichenberg et de Jeanne Samary, nous applaudissions Marie Lloyd, elle aussi récemment promue sociétaire et récompensée pour sa fidélité à la Maison et ses longs états de services : nous applaudissions la spirituelle Mme Édile Riquer, que nous avions naguère entrevue sous les traits de la marquise de Prie de *Mademoiselle de Belle-Isle*, aux côtés de Delaunay, de Frédéric Febvre et de Mme Sarah Bernhardt, et qui, en Mme de Loudan, « poussait des cris de petit cochon d'Inde » : nous applaudissions Mme Émilie Broisat, cette aimable comédienne qui joua avec tant d'éclat Caroline de Saint-Geneix, Philiberte, et même la classique Sylvia du *Jeu de l'amour et du hasard :* nous applaudissions la douce Marie Martin, tantôt ingénue, tantôt amoureuse, toujours pleine de bonne volonté, et qui un soir commit l'imprudence de lancer à Becque, dont elle jouait *les Corbeaux,* ce mot exquis : « Un homme qui n'est pas décoré, c'est comme une femme qui n'a pas d'enfant. »

Les trois principaux rôles, Bellac, Roger et le Sous-Préfet, étaient tenus par Got, Delaunay, Coquelin aîné, qui les abandonnèrent à MM. Prudhon, Baillet et Truffier : un tout petit personnage, — celui du poète Desmillets, qui commet un joli vers, — avait pour interprète un débutant, qui, à l'exemple de M. Silvain, sortait du troisième Théâtre-Français, dirigé par Ballande, et ce jeune comédien se nommait Leloir.

Dirai-je qu'entre tous ces interprètes, plus parfaits les uns que les autres, c'était Jeanne Samary que Pailleron préférait? Chaque auteur, on le sait, a son artiste : Jeanne Samary fut la comédienne de Pailleron. La naïveté et l'enjouement, la mutinerie et l'effronterie qu'elle montrait lorsqu'elle interprétait Suzanne de

Villiers du *Monde où l'on s'ennuie,* ou Toinon de *l'Étincelle,* ne sentaient aucun apprêt : elle adoucissait les angles des personnages, elle en atténuait les défauts ; la diction, chez elle, était d'une irréprochable justesse, le jeu d'une belle franchise. On devinait qu'une artiste d'école et de style se cachait sous cette comédienne qui créait un emploi : les amoureuses de Pailleron.

Mais, comme sa tante Madeleine Brohan, elle jugeait que l'interprétation d'une scène de Cathos des *Précieuses ridicules,* de Dorine de *Tartufe,* de Martine des *Femmes savantes* ou de Lisette du *Légataire universel,* réclame autrement de talent que tous les personnages du *Monde où l'on s'ennuie,* de *Petite Pluie,* de *la Souris,* de *l'Étincelle.* Elle aimait à développer sa théorie devant Pailleron lui-même, qui, naturellement, n'entendait pas de cette oreille-là. A dîner, chez elle (ah ! les charmantes réunions de l'hospitalière maison de la rue de Rivoli, dont M. Chéramy évoquait l'autre jour le souvenir !), elle ne manquait jamais de poser la question du classique et du moderne, du Molière et du Pailleron... L'écrivain ne soufflait mot : un glacial silence, un horrible « temps de théâtre » se produisait, et la maîtresse de la maison, au milieu d'un formidable éclat de rire, de s'écrier :

— Ça y est! J'ai gagné! Vous me devez un rôle, mon cher maître!

Le soir de la première représentation de *Cabolins*, comme je félicitais Pailleron, il me prit les mains et me dit, très ému et un peu découragé :

— Si elle était encore là, seulement, notre amie! Elle me manque trop!... Voyez-vous! ce sera définitivement ma dernière pièce!

Cabolins fut, en effet, le dernier ouvrage de Pailleron... La tante Madeleine et la pauvre Jeanne n'étaient plus là... Suzanne Reichenberg s'apprêtait à quitter le théâtre... Les trois grandes interprètes de Pailleron étaient parties...

Mars 1906.

De Belleville à Aphrodite

Mlle Mary Garden, après nous avoir présenté le plus gracieux Chérubin qu'on pût imaginer, nous quittait, l'été dernier, et nous disait :

— De Belleville à Aphrodite, il y a tout de même une longue route ! Vous me promettez de raconter mon histoire, vous qui la connaissez. Comme il est déjà loin, le temps où en compagnie de la pauvre Sanderson nous visitions gaîment l'Exposition !... Rappelez-vous ce dîner où elle nous conta ses jolis rêves qu'elle n'eut pas le temps de réaliser... Alors, de Belleville à Aphrodite ! Entendu ?

Je promis, mais à la condition que je recevrais quelques renseignements complémentaires... Ai-je besoin d'ajouter que la voyageuse a tout oublié et que les cartes postales ont été, comme toujours, égarées par d'infidèles portiers?... Pauvres portiers! Que de méfaits on leur met sur le dos! Mary Garden a-t-elle passé l'hiver à Rome ou à Florence, à Venise ou à Milan? Elle devait visiter les musées et se promener en gondole!... Des détails sur ce voyage, je n'en ai pas plus que sur sa vie qui n'est pas longue... Des succès, encore et toujours des succès... Elle est venue d'Écosse : elle a chanté, elle a triomphé, et voilà tout...

.[.].

Il y a donc sept ans. pas davantage, que mon vieil ami Lucien Fugère me conviait à une représentation qu'il organisait à Belleville au bénéfice d'un des doyens du théâtre : Ambroise. Le programme se composait des traditionnelles *Noces de Jeannette* et d'un copieux intermède.

— Vous verrez, me dit Fugère... Je vous réserve deux surprises...

Les deux surprises, c'étaient deux de ses élèves; car vous savez, sans doute, que Fugère excelle dans cet art si difficile de la déclamation lyrique... (Quel dommage que son service à l'Opéra-Comique ne lui permette pas d'enseigner au Conservatoire!) L'une de ces élèves s'appelait Juliette Darmières : nous l'avions entrevue et remarquée au Vaudeville ; elle y jouait, et fort aimablement, les coquettes. L'autre était totalement inconnue ; elle se nommait Mary Garden.

Nombre de Parisiens entreprirent ce soir-là le voyage de Belleville. Les débutantes tremblaient de peur, mais furent bien vite rassurées : on les applaudit à tout rompre. Mlle Darmières possédait une jolie voix et s'en servait avec adresse : c'était une charmante Jeannette, merveilleusement guidée d'ailleurs par Fugère, incomparable Jean. Mlle Garden, elle, chantait, selon l'usage, un air du répertoire. Le chantait-elle ? Non... Elle le lisait, elle le balbutiait, la voix étranglée par le trac. Et, avec cela, quel accent !

— La Jeannette ira, fis-je à Fugère. Pour ce qui est de l'Anglaise, j'ai des doutes...

— Anglaise, reprit Fugère un peu piqué... Écossaise, s'il vous plaît ! Mais je vous affirme que vous vous trompez... Je suis bien tranquille... Je réponds d'elle... Nous en recauserons dans quelque temps. Elle fera tourner tous les cœurs... Vous verrez ça...

La jeune Écossaise se cachait dans un coin : elle se doutait que nous parlions d'elle : elle regardait, elle observait, elle écoutait, elle comprenait peu, et j'espère bien que Fugère ne lui traduisit qu'imparfaitement mon sévère et très injuste jugement.

J'avais, à Belleville, pour voisine de stalle Mlle Julia Subra, l'étoile de notre Académie de danse; elle s'intéressait aux débutantes; je lui rapportai les paroles de Fugère; elle sourit et n'insista point : visiblement, elle partageait nos craintes sur l'avenir de la jeune Écossaise...

Vous voyez que Fugère avait raison contre le public, contre Mlle Subra, contre nous. Sa prophétie s'est réalisée, et si je rappelle la petite scène qui se passa il y a sept ans sur le plateau du théâtre de Belleville, c'est parce que rien n'est plus doux que de confesser de semblables erreurs.

*
* *

Il y a encore autre chose... Quoi, je vous le demande, de plus stupéfiant, quoi de plus admirable que cette énergie féminine? Je retraçais, il y a quelque temps, à cette place, la carrière de la grande coquette de la Comédie-Française, Mlle Cécile Sorel; je constatais que, grâce à une intelligence rare et à une persévérance incroyable, elle s'était emparée un à un des rôles les plus difficiles du répertoire et s'était installée dans un emploi ingrat, où tant de comédiennes sombrèrent; je citais Célimène et Elmire, la marquise de Prie et la comtesse d'Almaviva, Suzanne d'Ange et Mme d'Auberive, et je la louais de s'attaquer à cet énigmatique personnage de Marianne, d'Alfred de Musset, qu'elle tient maintenant de façon supérieure...

Le cas de Mlle Mary Garden ne paraît pas moins intéressant. Elle m'expliquait pourquoi elle avait réussi... Assurément, elle vantait les conseils de son directeur, M. Albert Carré, et les leçons de son maître, Lucien Fugère; mais devinez à quoi elle attribuait sa réussite. A la Veine.

Avec une modestie exquise elle me rappelait que Mlle Rioton, créatrice de *Louise,* avait eu la très bonne idée de se marier.

— C'est au mariage de ma camarade, me disait Mlle Garden, à cette circonstance fortuite, à ce pur hasard que je dois tout... Ne riez pas! C'est la vérité même...Vous connaissez *la Veine,* la jolie comédie de M. Alfred Capus, et vous vous souvenez de cette Horloge du Bonheur dont parle si spirituellement ma grande amie Jeanne Granier? Eh bien! l'Horloge du Bonheur a bien tourné pour moi, et voilà!... Oh! je sens que je ne m'explique pas encore très clairement, que je n'articule pas et qu'on se moque toujours de ma prononciation ! Si vous saviez ce que j'enrageais quand on riait sans se donner la peine de me reprendre et de m'indiquer comment il fallait dire !... Et puis, voyez-vous, nous autres étrangères, nous devons beaucoup à notre accent... C'est ce défaut même qui est notre charme. On nous excuse, on nous fait crédit parce que nous ne parlons pas bien le français !... Et c'est encore pour cette raison que nous aimons tant Paris et que tous les lauriers du monde ne valent pas ceux de la Grand'Ville, comme dit Alceste... Alceste? Je ne me trompe pas, je pense? Ah ! c'est qu'on connaît ses classiques !...

*
* *

Tout cela était dit le sourire aux lèvres et la joie au cœur, entrecoupé de points d'interrogation et d'éclats de rire... Elle allait, elle allait, estropiant bien des mots, mais de si amusante manière !... Je lui demande alors quel est son rôle de prédilection.

— Je les préfère tous ! répond-elle.

Et elle repart de plus belle... La musique nouvelle l'enchante ; elle raffole de *Pelléas et*

Mélisande, ce qui ne l'empêche pas d'adorer Violetta, Chérubin, Manon, Juliette et Marguerite... Elle aime Elsa de *Lohengrin,* elle vénère *Parsifal,* mais elle apprécie la grâce souriante de Marguerite, et aussi toutes ces qualités si françaises — elle insiste sur le mot — par lesquelles se distingue le musicien de la radieuse *Manon :* le charme, le goût, la franchise, la justesse dans l'expression, l'émotion...

Reste à savoir (c'est une question que je me posais en écoutant Mlle Garden) si les heures de découragement — heures inavouées celles-là ! — n'ont pas été plus nombreuses qu'elle ne nous le dit et qu'elle ne se le dit à elle-même?

Mystères de théâtre que tout cela... Le rude chemin de Belleville à Aphrodite, si vaillamment parcouru par la jeune cantatrice, n'est peut-être pas aussi simple qu'on le croit...

Mars 1906.

Un Directeur

Dans une lettre d'une émouvante simplicité, le directeur du Vaudeville nous annonçait, il y a quelques jours, qu'il vendait sa bibliothèque. On a, naturellement, épilogué sur cette vente, et comme l'horrible concurrence ne joue ici aucun rôle, comme il ne s'agit pas d'une comédie dont la « moyenne » peut gêner la confrérie, on se plaît à rendre justice à M. Porel. Directeurs, chroniqueurs, comédiens, tous, avec une belle unanimité, reconnaissent qu'il descend en droite ligne de Montigny et de Perrin, et vous savez que ces deux hommes furent d'incomparables metteurs en scène. Aux Perrin et aux Montigny ont succédé les Porel, les Carvalho, les Gailhard, les Carré, les Antoine, les Sarah Bernhardt... Ainsi va notre monde du théâtre

6

qui, en dépit de toutes les assertions pessimistes, ne s'est, en somme, jamais mieux porté.

C'est précisément au milieu de ses livres qu'il y a environ vingt-cinq ans je fis la connaissance de M. Porel. Il habitait rue de Babylone un petit appartement, ou pour parler plus exactement une bibliothèque : le bureau de travail, la salle à manger, la chambre à coucher, le cabinet de toilette, toutes les pièces étaient transformées en rayons et en étagères... On marchait sur les livres.

— Vous le voyez, monsieur, dit, me tendant les mains, le maître du logis, voilà une maladie qui vous étonne un peu chez un comédien qui répète tous les jours, joue tous les soirs et ne devrait guère avoir le temps de lire... Je lis dans ma loge, je lis dans la rue, je lis dans mon lit, je lis sous les galeries de mon théâtre... On n'a pas joué des centaines de fois *la Vie de Bohème* sans garder quelque chose de l'âme des personnages qu'on a tenté d'idéaliser... Marcel, Schaunard, Colline, Rodolphe, un bouquet de fleurs fanées, une mèche de cheveux roussis... Vous connaissez l'histoire des cartons verts de Théophile Gautier, de ces cartons où l'on trouve, gisant sous la poussière, des notes, des brouillons, des articles de journaux commencés, des pièces de théâtre interrompues, des romans-feuilletons de toutes sortes?... Eh bien! ici rien que des cartons verts!... Je m'amuse parfois à les classer : je me risque à y mettre de l'ordre et à y voir clair, et je n'y arrive pas...

M. Porel parlait d'abondance, passant d'un sujet à un autre, entassant les anecdotes... Je l'écoutais, ravi, me demandant comment cet homme savait tant de choses et possédait à un tel point l'art de les conter, de les souder et de les mettre en place. Je venais alors, sur les conseils de Gustave Ollendorff, chercher conseil et appui auprès du jeune doyen de l'Odéon. J'avais commis un drame en trois actes ; j'étais le bon jeune homme rêvant d'être joué à l'Odéon. Je lus, aussi mal que possible, mon premier acte : l'effet en fut désastreux et, d'un commun accord, nous suspendîmes la séance... Inutile d'ajouter que, tout en renonçant à mon projet d'Odéonie, je gardai de cette lecture un fort mauvais souvenir. On ne remporte pas ainsi, sans un gros serrement de cœur, trois actes qui ont exigé tant de labeur... Je jurai de me venger : je tins parole, et voici comment.

L'Odéon était, à cette époque, dirigé par Charles de la Rounat, qui avait abandonné le poste de commissaire du gouvernement près les théâtres subventionnés pour le céder à Vaucorbeil. La Rounat faisait, en réalité, sa rentrée à l'Odéon ; il l'avait déjà administré avant la guerre et méditait un tas de projets plus vastes les uns que les autres. Malheureusement, un terrible accident, dont il ne se remit jamais, l'immobilisa pour de longs mois... M. Porel le suppléa. Très aimé du public, des auteurs et de ses camarades, le coadjuteur de La Rounat s'acquitta excellemment de cette suppléance, et, d'ores et déjà, on le désignait comme le véritable directeur du second Théâtre-Français. C'est ici que, ténébreusement, je méditai mon affreuse vengeance... A tout prix il fallait barrer la route à l'homme qui n'avait pas craint de contester mon talent naissant de dramaturge...

Le secrétaire général de l'Odéon, notre confrère et ami Fernand Bourgeat, posait sa candidature à la sucession de La Rounat : je me devais à moi-même de mener campagne en sa faveur, et quelle campagne !... Une campagne de jeune feuilletoniste dramatique, pensez donc ! Tous nos efforts restèrent infructueux et M. Porel triompha sur toute la ligne. Bien entendu, dès le lendemain de la nomination du nouveau directeur mes attaques recommencèrent. La troupe était composée de Paul Mounet, Dumény, Raphaël Duflos, Brémont, Albert Lam-

bert père et fils, Mmes Tessandier, Segond-We-
bert, Crosnier, Antonia Laurent, Raucourt,
Raphaële Sisos, Baréty, Berthe Cerny, et je
jugeais cette troupe détestable... On montait les
chefs-d'œuvre de Shakespeare et on donnait à
des jeunes poètes, tels qu'Edmond Haraucourt,
Auguste Dorchain et Louis Legendre, le moyen
d'affirmer leur talent en traduisant *Shylock*,
Conte d'avril et *Beaucoup de bruit pour rien*, et
bravement je déclarais que l'Odéon n'était pas
fait pour y représenter des versions théâtrales...
M. Porel ne manquait pas d'appeler à lui des
jeunes compositeurs dont la musique était infiniment goûtée, et bien vite je rappelais que le
rôle du directeur de l'Odéon ne consiste point
à mettre à la scène des féeries musicales...
L'Arlésienne elle-même, injustement tombée
au Vaudeville de Carvalho et si brillamment
ressuscitée par le nouveau directeur, *l'Arlésienne*
elle-même n'obtenait pas grâce... Pauvre *Arlésienne!!*... Il ne fallut rien moins que *Germinie
Lacerteux* pour me réduire au silence. Je ne
pouvais, décemment, reprocher à M. Porel d'a-
voir engagé, pour jouer l'œuvre des Goncourt,
une des plus grandes comédiennes de notre
temps... Je capitulai. La paix fut conclue, les
articles oubliés, les lettres jetées au feu.

.·.

M. Porel marchait alors, on s'en souvient, de succès en succès. Après *Germinie*, la triomphante *Amoureuse*, et entre temps la jolie *Marchande de Sourires*, de Mme Judith Gautier... J'assistais aux répétitions, aux représentations : mon ennemi, devenu mon ami, faisait la meilleure des besognes. Comment l'idée lui vint-elle un jour de quitter l'Odéon pour solliciter la direction de l'Opéra, lors de la fin du privilège de MM. Ritt et Gailhard? Mystère! Il rêvait de mises en scène somptueuses, et les succès des jeunes musiciens à l'Odéon l'avaient encouragé. Il exposa ses séduisantes idées au ministre des Beaux-Arts, M. Léon Bourgeois, qui, après quelques hésitations, lui préféra Eugène Bertrand. Dépité, M. Porel remit sur l'heure sa démission : il se transporta, rue Boudreau, à l'Éden, naguère inauguré par ce même Eugène Bertrand, lequel lui enlevait si galamment le fauteuil directorial de l'Opéra. A dire vrai, Bertrand quittait les Variétés la mort dans l'âme, regrettant Meilhac, Ludovic Halévy et José Dupuis. Quant à M. Porel, il était trop avisé pour ne pas se rendre compte des difficultés qu'allait présenter l'exploitation de la scène de la rue Boudreau. On commença par démolir l'Éden et par refaire une nouvelle salle, et, tandis que les architectes s'ingéniaient à moderniser la scène du *Pied de Mouton*, on commandait la pièce d'ouverture, *Lysistrata*, à un poète qui était en train de révolutionner Montmartre : M. Maurice Donnay.

La revue symbolique de Maurice Donnay, *Ailleurs,* illustrée par Henri Rivière et mise en musique par le pauvre de Sivry, était exquise. La rencontre de Voltaire avec le poète Terminus, interrompue par l'apparition d'une jolie femme habillée de vert et chantant d'une voix acide : « Je suis l'oseille » ; la Forêt heureuse, rendez-vous des décadents et des symbolistes ; l'histoire de Moïse sur le Nil ; la complainte des agents de change pleurant sur les ruines du palais de la Bourse ; toutes ces scènes, d'une savoureuse incohérence et d'une délicieuse ironie, formaient autant de petits chefs-d'œuvre... Il était donc fort naturel qu'on inaugurât le Grand-Théâtre par un grand ouvrage du jeune et déjà glorieux poète d'*Ailleurs*.

Peu s'en fallut pourtant que *Lysistrata* ne vît point le feu de la rampe. La Censure — j'en étais ! — ne consentait pas à autoriser la représentation d'une œuvre aussi leste : notre doyen,

de Forges, se refusait à discuter, Bourdon hésitait, et Georges Gauné voyageait : il ne me
restait plus, à moi, qu'à présenter au directeur
des Beaux-Arts, M. Henry Roujon, le rapport
d'usage. On coupa quelques répliques, on invita les interprètes à atténuer certains effets, et
Lysistrata alla aux nues.

Je n'ai pas à rappeler les si curieuses tenta-
tives de M. Porel à l'Éden : il s'y débattait au
milieu des pires difficultés, traqué d'un côté
par ses architectes, de l'autre par l'administration de la Préfecture de police. Après une saison, il quitta la place pour s'installer au Vaudeville, en compagnie de M. Albert Carré ; il avait
dans sa poche une comédie de Victorien Sardou
et Émile Moreau, et cette comédie était *Madame Sans-Gêne...*

On sait le reste, et le reste c'est de l'histoire...
Tous les écrivains, tous les comédiens ont
passé par la scène de la chaussée d'Antin. Des
drames, des comédies, des vaudevilles, des
triomphes et des années grasses, des fours et
des années maigres, et, au milieu de ce tour-

billon, plus de place pour les demi-succès, plus
de place pour les reprises, qui autrefois permettaient aux directeurs de masquer les échecs et
en même temps de former un répertoire et une
troupe d'ensemble.

J'ai revu, l'autre semaine, le directeur du
Vaudeville, toujours souriant, toujours cordial
et toujours indulgent. Nous avons, durant une
bonne heure, fouillé les fameux cartons verts,
si pleins de lointains souvenirs... Et j'avais
bien devant moi un des aimables héros de cette
regrettée Bohème dont M. Porel lui-même évoquait le souvenir lors de notre première entrevue, il y a près de vingt-cinq ans, en sa modeste bibliothèque de la rue de Babylone...

Avril 1906.

La Danse

A Mademoiselle Carlotta Zambelli.

Mlle Carlotta Zambelli vient de recevoir, comme sa camarade Mlle Sandrini, le ruban violet. Faut-il le dire? Ce n'est là rien moins qu'une petite révolution, et une révolution d'un heureux effet, qui vient de s'opérer dans nos mœurs théâtrales.

Jusqu'alors on refusait impitoyablement les palmes aux artistes de la danse. Sait-on que Mlle Rosita Mauri dut attendre l'heure de la retraite pour obtenir cette récompense, et que Mlle Julia Subra subit la même rigueur? Elles avaient. avec une obligeance parfaite, prêté à toutes les fêtes de bienfaisance et à toutes les soirées officielles le concours gracieux de leur grand talent. Hélas! les petits pieds et les mains fluettes, les pirouettes et les pointes ne comptaient pour rien : on invoquait, selon l'usage, la raison d'État; on s'abritait prudemment derrière les fameux précédents, et on se refusait à palmer la danse.

En remettant, l'autre soir, de fort aimable manière et non sans quelque solennité, les insignes à Mlles Zambelli et Sandrini, le directeur de l'Opéra a tenu à montrer que les sévérités d'antan avaient définitivement disparu et qu'une ère nouvelle s'ouvrait...

Me sera-t-il permis d'apporter, à mon tour, mes compliments aux nouvelles décorées?

Mlle Emma Sandrini, à l'exemple de Mlle Subra à laquelle elle succéda, entra à l'Opéra à l'âge de sept ans : elle suivit toutes les classes, elle franchit toutes les étapes, elle gravit tous les échelons, elle remporta tous les succès. Quand elle ne danse pas à l'Opéra, elle donne des leçons qui, paraît-il, sont excellentes.

Mlle Carlotta Zambelli, elle, vient en droite ligne de la belle Italie, patrie de tant d'illustres ballerines. C'est à Milan que le père, la mère et les deux sœurs Zambelli habitent tranquillement, très fiers des triomphes de la jeune Carlotta. A la Noël, à Pâques, à la Pentecôte, Mlle Zambelli boucle ses malles et court embrasser sa petite famille : les parents et les deux sœurs se hâtent de rendre la visite : ils doivent ne rester que quelques jours à Paris, et ils y passent volontiers deux ou trois mois... Il faut d'abord applaudir Carlotta, il faut ensuite voir toutes les pièces nouvelles, car les Zambelli, grands et petits, adorent notre capitale et nos théâtres... Aussi gardez-vous de demander à notre étoile de la danse si vraiment, ainsi qu'on l'a conté et même écrit, elle se propose de nous quitter un jour... Un aussi vilain projet est tout à fait indigne d'elle.

Voilà donc bientôt dix ans — dix ans de danse valent bien trente ans de théâtre! — que M#lle# Zambelli prenait la place d'une artiste merveilleuse et qu'on jugeait irremplaçable, M#lle# Mauri, aujourd'hui un des plus distingués professeurs de notre Académie de danse. La jeune Italienne avait débarqué à Paris en 1894... M. Gailhard l'avait remarquée à l'École de danse de Milan : on venait alors de représenter à la Scala, avec le plus retentissant succès, *Otello*, et M. Gailhard avait rendu visite à Verdi pour régler les détails de la distribution à Paris. On tomba d'accord sur le nom de M#me# Rose Caron, qui se montra la plus admirable Desdémone qu'on pût voir, ainsi que sur ceux de MM. Victor Maurel, superbe créateur d'Iago, et Saléza, chanteur parfait, doublé d'un véritable tragédien.

M. Gailhard allait reprendre le train de Paris lorsque l'idée lui vint de visiter le Conservatoire de Milan. En Italie, les conservatoires,

en même temps qu'ils préparent les comédiens
et les chanteurs, ont une section spéciale ré-
servée à la danse où, chaque année, on distribue des prix et des accessits. Parmi les élèves
de cette classe du Conservatoire de Milan,
figuraient trois jeunes filles charmantes... On
les avisa que le directeur de l'Opéra de Paris
désirait les voir... Grosse émotion à l'école, on
le conçoit... Comment les jeunes Milanaises, qui
ne savaient pas un traître mot de français, ré-
pondraient-elles aux questions du grand directeur parisien? Par bonheur M. Gailhard parlait
couramment l'italien. Il engagea, séance te-
nante, les deux brunes, Mlles Zambelli et Piodi;
quant à la blonde qui espérait bien, elle aussi,
se rendre à Paris, elle fut invitée à poursuivre
ses études à Milan. Elle se consola de cette déconvenue : elle quitta le théâtre; elle se maria
et elle est aujourd'hui mère de quatre petits
Italiens...

Accompagnée de sa camarade, Mlle Piodi, et
des deux mamans, Mlle Zambelli fut reçue à
bras ouverts par l'administrateur général de
l'Opéra, M. Simonnot, qu'elle baptisa son parrain de France. Dès le premier jour les deux
lauréates du Conservatoire de Milan, confiantes
en leur destinée, prirent leur mal en patience :
elles apportaient tout un petit mobilier, ce qui
leur permit de s'installer commodément...

Elles se doutaient parbleu bien que, ne parlant pas plus le français qu'elles ne le comprenaient, elles auraient beaucoup de peine, elles et leurs deux mamans, à s'acclimater chez nous ; mais, en père de famille prévoyant, M. Zambelli avait préparé un petit lexique franco-italien, grâce auquel on se tira tant bien que mal d'affaire.

Le matin, à la première heure, leçons de danse, leçons de maintien, leçons de perfectionnement ; puis, après l'Opéra, les cours de français, de lecture, de diction et de prononciation... Mlles Zambelli et Piodi étaient intelligentes et studieuses, avenantes et gaies ; elles conquirent bien vite à l'Opéra toutes les sympathies : on excusa leur engagement un peu exceptionnel ; on les aida, on les aima, on les adora, et le jour où Mlle Zambelli passa étoile et Mlle Piodi premier sujet, ce fut une fête au foyer de la danse.

— L'Italie nous flanque une rude pile, mes enfants, s'écria la plus spirituelle des ballerines, Mlle Mathilde Salle. La danse française n'a qu'à bien se tenir !

Italienne ou Française, danseuse ou mime, danse de caractère ou danse moderne, danse noble ou danse classique? Je l'ignore et me garderai bien d'énumérer les rôles créés ou repris par notre incomparable Carlotta Zambelli. Ce qu'elle se montra dans *la Korrigane*, *l'Étoile*, *la Maladetta*, *Faust*, *Guillaume Tell*, *la Favorite*, *Hamlet*, *Hellé*, *Messidor*, *le Cid*, *Armide* et la *Ronde des Saisons* (je cite au hasard et sans ordre), tous le savent. Les abonnés, arbitres suprêmes, proclament qu'elle est la digne héritière des Rosati, des Carlotta Grisi, des Ferrari et des Fanny Elssler, et nous autres, qui applaudîmes les Beaugrand, les Sangalli, les Mauri et les Subra, nous reconnaissons que, non contente d'égaler toutes ses devancières, Mlle Zambelli se distingue par ceci de particulier qu'elle tient triomphalement tous les emplois. Car nous n'avons garde d'oublier — ainsi l'exigent les abonnés! — que la danse, tout comme les comédies de Molière et de Regnard et les tragédies de Corneille et de Racine, comporte des emplois nettement catalogués...

Rien, en réalité, n'est plus ardu que cet art si séduisant de la Danse. Il ne suffit pas d'y tenir son rang : il faut aussi s'y maintenir, et au prix de quels efforts! J'ai raconté qu'en 1900 Mlle Mauri fut priée de participer à la première fête de l'Exposition offerte au ministère de l'Intérieur. Elle avait quitté la scène depuis deux ans, et nous nous imaginions que cette rentrée improvisée lui coûterait beaucoup. Quelle ne fut pas notre surprise quand nous la vîmes apparaître ravissante sous le costume espagnol : rien chez elle ne trahissait la fatigue, rien ne sentait la gêne ; on l'acclama. C'est que, comme elle donnait des leçons, elle avait continué à travailler chaque jour, quatre et cinq heures de suite, à faire des exercices d'assouplissement et de *barre,* et avec quelle ardeur et quelle joie !...

La joie de danser !... Ne vous semble-t-il pas qu'elle éclate sur les jolis visages des étoiles et des sujets, des coryphées et des quadrilles? Ne vous semble-t-il pas que toutes raffolent de leur art et ressemblent à ces jeunes filles qui débutent dans le monde et se rendent à leur premier bal?

Où est le temps où le riche étranger se précipitait à l'Opéra, soudoyait les huissiers, les ouvreuses et les habilleuses et enlevait la première danseuse? Mlle Piodi suit l'exemple de sa condisciple de Milan : elle se marie gentiment, bourgeoisement, tandis que son amie Carlotta Zambelli, dédaignant la réclame, repoussant l'interview, vit sans bruit en son modeste cinquième...

Et vous voulez qu'on n'octroie pas aux étoiles de la Danse les mêmes récompenses, les mêmes rubans violets qu'à nos comédiennes, à nos cantatrices, à nos reines de féeries et à nos commères de revues? Allons donc !...

Avril 1906.

Feue Censure

Elle a cessé de vivre : depuis de longs mois elle agonisait; demain, elle ne figurera plus au budget...

Me sera-t-il permis à moi, qui passai plusieurs fort agréables années avec la bonne Dame, de lui offrir ici un adieu reconnaissant?

C'était il y a dix-huit ans... Un matin, dès l'aube, mon ami Georges Hecq me manda en toute hâte au ministère. Tous les Parisiens connaissaient Georges Hecq... Il occupait alors le poste particulièrement difficile de chef du secrétariat des beaux-arts au cabinet du ministre; il était, en réalité, le directeur des beaux-arts de la rue de Grenelle, ce qui gênait quelque peu celui de l'autre rive. Mais il apportait tant de souplesse, de tact et de cordialité dans ses fonctions!... Une force de caractère, qui faisait notre admiration à tous, l'aidait à ne pas mourir, et les quémandeurs de palmes ne se doutaient certes pas que cet homme d'apparence si gaie souffrait atrocement.

Donc, en 1888, un jour d'hiver, sur le coup de sept heures, alors que tout reposait en ma modeste demeure, un gendarme me réveilla et m'invita à le suivre... Je me levai et, tout en m'habillant, je le priai de me fournir quelques explications sur sa matinale visite. Je crus comprendre que le représentant de l'autorité remplaçait l'huissier du ministre. A cette époque on ne connaissait guère les gaietés du téléphone!... Je sautai dans un fiacre et, obéissant sans hésitation ni murmure à l'honorable gendarme, je me rendis rue de Grenelle. Deux braves garçons de bureau me contemplèrent, ahuris ; l'un astiquait les lampes universitaires, l'autre fredonnait le *Paris qui s'éveille,* vraie chanson de circonstance : ils ne savaient ce que je venais faire à pareille heure. Comme, de mon côté, j'ignorais pourquoi j'étais convoqué, je me contentai de balbutier quelques mots et j'attendis...J'arpentai l'antichambre longtemps, très longtemps... Hecq n'arrivant toujours pas, je courus à son domicile. A mon tour, je jouai le rôle du gendarme. Hecq dormait... Je le réveillai et lui exposai la scène...

— Elle est bonne, elle est très bonne, s'écria-t-il s'esclaffant de rire... Alors, tout cela est vrai, bien vrai?... Vous ne rêvez pas? On ne vous a pas remis ma lettre?

Rêver, moi qui me voyais déjà révoqué!... La lettre? Je ne comprenais rien à mon aventure... La vérité est que mon gendarme avait tout bêtement égaré un mot de Hecq ainsi conçu : « Voulez-vous être censeur et profiter d'une place vacante? Venez vite... Nous causerons. »

La réponse ne se fit pas attendre. J'avais bien quelques scrupules, mais l'Oncle, avec cette bienveillance à laquelle il m'avait accoutumé, me poussa à accepter, et j'acceptai. Mieux valait, en somme, gagner le titre d'inspecteur des théâtres que de continuer à compulser les dossiers des manufactures... Pourrais-je lire les pièces et les chansons dans mon bureau et juger ces mêmes pièces et ces mêmes chansons dans mon article théâtral hebdomadaire? Là était la question, car vous pensez bien que pour rien au monde je n'eusse renoncé à la joie toute juvénile de distribuer chaque semaine à mes contemporains conseils et réprimandes. Ce fut encore l'Oncle qui régla l'affaire : je fus chargé plus spécialement, et à l'entière satisfaction de mes doyens de la censure, de l'examen des chansons et de la surveillance des concerts.

Dirai-je que je pris à cœur et très au sérieux mes nouvelles fonctions? Pouvait-il d'ailleurs en être autrement? Je raffolais de théâtre; pour moi, tout ce qui n'était pas « cour ou jardin » ne comptait pas. Mes collègues, je le confesse, facilitèrent singulièrement ma tâche. Philippe de Forges, fils d'un vieux dramaturge — l'auteur des *Pantins de Violette* — et bibliophile émérite, versait bien quelques larmes sur le temps passé et abusait du « Si vous aviez vu Frédérick! », mais sa tendresse pour les disparus ne le rendait pas trop injuste à l'égard des vivants... Paul Bourdon, lui, était — il est resté — un compagnon aimable, et les petites taquineries de Philippe de Forges n'entamaient pas son imperturbable bonne humeur. Quant à mon ami Georges Gauné, il était le diplomate du service : on le chargeait des missions délicates et des rapports sur les ouvrages politiques. Bref, chacun aimait son métier; nous passions tous les quatre nos après-midi et nos soirées au théâtre et au concert, autant par plaisir que par devoir... Il y avait de la cordialité dans l'air...

La Censure comptait déjà alors ses partisans et ses adversaires. Chaque année, à la Chambre, on la discutait longuement : Charles Laguerre profitait de la circonstance pour lancer contre elle un formidable réquisitoire; elle subissait une forte secousse, mais, somme toute, sa santé n'était pas mauvaise, et nous, — le quatuor d'Anastasie! — nous ne rougissions pas du tout d'être traités de mouchards par des chansonniers mécontents qui n'avaient pas obtenu notre visa...

Je crois vous avoir conté qu'ayant un jour refusé d'autoriser une chanson qui me semblait dépasser la mesure, je fus menacé de revolver par son interprète, une de nos plus illustres chanteuses de café-concert. Sorti indemne de cette première épreuve, je fus, en 1896, l'objet d'une seconde tentative d'assassinat... Eh! oui... Un « sous-chef de claque » m'avisa que si je ne revenais pas sur certaine décision prise à l'égard de ce fameux « service des applaudissements » que les directeurs encouragent et que les spectateurs réprouvent, je m'exposais aux pires outrages... Je ne répondis pas, je n'avisai même pas de l'incident mon ami M. Touny, le très distingué directeur de la police municipale, et aujourd'hui, quand je passe devant le théâtre où fonctionne ledit sous-chef, je suis très respectueusement salué par ses commis, ses rédacteurs, ses expéditionnaires et par le sous-chef lui-même... Ce ne sont pas là, que je sache, de misérables souvenirs...

.•.

Revolver à part, la besogne était pleine d'agrément. Chansonniers, directeurs et interprètes nous accusaient tantôt d'indulgence, tantôt de sévérité… Qu'y faire? Il reste clair qu'un acteur de café-concert peut, par une intonation ou par un geste, modifier le sens d'une chanson… Se doute-t-on seulement des discussions qu'entraîne parfois un simple couplet? C'est à n'y pas croire!… Si je vous disais que tous, Yvette Guilbert, le pauvre Jouy, Juliette Méaly, Valentine Valti, Louise Balthy, Bruant, Paulus, grimpaient les cinq étages de notre ministère et défendaient eux-mêmes leurs chansons, leurs auteurs, leur interprétation et jusqu'à leurs gestes?

J'entends encore Yvette Guilbert, alors la camarade de Polin à l'Éden-Concert du boulevard Sébastopol, soupirer, pleurant de rage :

— Songez que c'est notre peau qui est en jeu, que nous payons comptant, nous autres gens de concert! Songez que nous n'avons personne pour nous donner la réplique, nous soutenir et nous sauver ! Nous ne devons notre succès qu'à nous-mêmes...

Rien de plus vrai. Il faut avoir, durant des années, suivi le concert à travers ses transformations — excusez le mot — pour se rendre compte du très réel mérite de nos discurs de chansons. Leur peau, en effet, était bien en jeu, selon la juste expression d'Yvette Guilbert...

C'était le temps où Bruant passait, lui le poète de *Fantaisie triste*, pour un intransigeant farouche. Son vaste feutre, son cache-nez rouge, son costume de velours, ses bottes à l'écuyère, avaient le don de terrifier le cerbère qui veillait aux portes de la Censure et répondait, je vous l'ai dit, au nom de Desmolières. Régulièrement Bruant attendait une heure avant d'être admis en notre sanctuaire.

— Je n'ai qu'un moyen de me concilier les bonnes grâces de Desmolières, fit Bruant qui avait un jour posé plus que de coutume. Il me faut les palmes... Elles réduiront Desmolières au silence...

Il les obtint, mais au prix de quelles démarches !... Camille Doucet, le bon Camille Doucet, le doux poète du *Fruit défendu* et des *Ennemis de la maison* — je vais bien vous étonner ! — tenait en grande estime son confrère montmartrois. Il prépara donc la demande officielle, il l'apostilla et, l'apostille ne suffisant pas, il rendit visite au ministre dispensateur des palmes. Jamais le parrain de Bruant ne montra une diplomatie plus charmante, plus avisée... Était-il d'ailleurs possible de résister à l'ancien fonctionnaire qui, connaissant le sérail, invoquait naturellement l'argument décisif?...

— Si j'étais à votre place, si j'étais encore directeur des théâtres, je n'hésiterais pas et palmerais Bruant! Et puis, on peste contre la censure et les censeurs... Le public parle de ce qu'il entend... Mais ce qu'il ne connaît pas!

Dumas, qui partageait cette opinion, disait à propos d'un de ses derniers ouvrages :

— Il faudra que je relise mon manuscrit de censure. Ce que j'ai supprimé de mots, de phrases et de scènes entières! Quelle chance que mes interprètes n'aient pas joué cette version-là! On se serait jeté des petits bancs dans la salle!...

Vous pensez bien que j'eus moi-même la curiosité de relire le manuscrit dont parlait Dumas... Ces lectures-là, c'étaient les petites joies du métier...

Ce qu'on ne connaît pas... Les Archives de la Bonne Dame possèdent, voyez-vous, des trésors insoupçonnés...

Musique...

A Victor Capoul.

Les Variétés, pour terminer leur saison, nous offrent une opérette du pauvre Robert Planquette. Mlle Juliette Méaly, dont je vous contais l'autre jour les débuts au concert, rentre sur la scène de ses succès ; à ses côtés, nous applaudirons Mlle Jeanne Saulier et Mlle Diéterle, menées à la victoire par MM. Baron et Max Dearly. Le directeur des Variétés remet ainsi en vigueur les vieux usages, qu'il ne faut tout de même pas trop mépriser, et passe de la jolie comédie de M. Sardou à l'aimable opéra-comique de Robert Planquette. Ce qui prouve qu'un théâtre peut posséder deux troupes et interpréter des genres parfaitement distincts sans que le public soit dérouté... Les vieilles théories de l'Oncle restent vraies : l'indulgent spectateur, du moment qu'il s'amuse, est ravi ; le nom, opérette ou comédie, vaudeville ou mélodrame, revue ou féerie, ne fait rien à l'affaire. Je vois seulement que l'opérette qu'on prétend défunte renaît dans tous les musics-halls, et reparaît jusqu'aux Capucines où, sans décor, et même — qui le croirait? — sans orchestre, la triomphante Germaine Gallois mène allègrement à la centième le joli *Bon Juge,* de MM. Robert de Flers, A. de Caillavet et Claude Terrasse.

Je voulais aujourd'hui profiter de la résurrection de l'opérette pour rendre à Planquette l'hommage qui lui est dû ; mais tout n'a-t-il pas été dit sur le musicien des *Cloches de Corneville?* On n'a pas manqué de rappeler, à propos du *Paradis de Mahomet,* que M. Cantin, l'ancien directeur des Folies-Dramatiques, avait annoncé les « dernières représentations » de ces fameuses *Cloches* et s'apprêtait à changer l'affiche, quand tout à coup les recettes remontèrent et atteignirent un maximum, jusque-là inconnu, pour ne plus le quitter durant plus d'une année... Ce sont là de ces faits stupéfiants que nos historiographes de théâtre enregistrent et n'expliquent pas... De son côté, M. Félix Duquesnel, en un article plein de piquants souvenirs, nous a offert sur la dernière pièce de Planquette, *Panurge,* des anecdotes émouvantes : il insistait sur cette collaboration Meilhac-Planquette, à laquelle nous devons cet inoubliable *Rip;* le *Rip*

que créa aux Folies-Dramatiques M. Brémont,
le superbe interprète de *la Samaritaine,* et que
reprit à la Gaîté, moyennant cinq cents francs
par soirée, le regretté Soulacroix...

*
* *

Meilhac, en effet, aimait profondément Planquette. Avec quel entrain il plaida sa cause auprès des ministres qui se succédèrent rue de
Grenelle, et comme il fut heureux le jour où
M. Henry Roujon, directeur des Beaux-Arts, lui
annonça que la croix du musicien de *Rip* allait
enfin paraître à *l'Officiel!* Ce Meilhac obligeant,
cordial, tendre, on ne le connaissait guère. L'injuste et sévère légende nous le représente insou-
ciant, égoïste, vivant au jour le jour, passant ses
soirées au cirque, alors qu'en réalité il cachait
une sensibilité exquise et avait presque honte
de paraître bon... Je l'entends encore murmurer :

— Planquette, un musicien? Oui, mais surtout un poète, ce qui est l'essentiel, la musique
ne se passant pas d'un grain de poésie.

Il lançait cela simplement, à voix basse, sur
un ton maussade du plus divertissant effet...

La scène avait lieu dans un salon de restaurant... Planquette était installé au piano; la chanteuse, Mlle Combe, fredonnait de son mieux; le professeur, M. Warot, battait la mesure; Saint-Albin tournait les pages de la partition, et je constate, hélas! que je reste le seul survivant de cette musicale aventure. Il s'agissait d'obtenir pour la chanteuse, élève de la classe de M. Warot au Conservatoire, la double autorisation de ne pas terminer ses études et de créer sur une scène non subventionnée le principal rôle de l'ouvrage de Meilhac, Saint-Albin et Planquette. Bien entendu, l'administration se montra inflexible et Mlle Combe fut invitée à rester à l'École. A la fin de l'année scolaire elle gagna un prix : elle fut engagée à l'Opéra : elle y chanta vaguement *la Favorite*, et, après deux ou trois représentations, elle sollicita un congé, qu'on lui accorda immédiatement : elle s'embarqua ensuite pour une tournée lointaine d'où elle ne revint pas...

C'est Warot qui me narrait la fin prématurée de cette jeune fille sur laquelle il fondait de sérieuses espérances. Je ne me doutais guère que cet aimable homme, adorant son art à un point tel qu'il n'admettait pas qu'on ne fût pas « musicien », rejoindrait si vite et Meilhac et Planquette et Saint-Albin et son élève Mlle Combe!

— La musique, faisait Warot plein de jeu-

nesse, mais sans la musique la vie me serait
insipide! J'ai soixante-dix ans sonnés... J'ai, par
un hasard que je ne comprends pas, échappé
aux lois de la retraite, et je me demande chaque
matin, en noircissant mes moustaches qui devraient être plus blanches que mes cheveux, ce
que je serais devenu si une bonne fée adminis-
trative ne m'avait pas protégé... Chanteur d'a-
bord, professeur ensuite, musicien à perpé-
tuité!... Dire que Capoul veut reprendre le
chemin de Toulouse et quitter l'Opéra!... Mais
il ne pourra pas!... Le jour où cet officieux projet deviendra officiel, criez-lui gare... Pour lui
comme pour moi, la musique, toute la vie est
là! C'est plus fort que nous... Musique! musique!...

Ce jour est, paraît-il, venu, mon cher Victor
Capoul, et me voici contraint de vous rappor-
ter, plus tôt que je ne le croyais, les propres
paroles — les dernières volontés! — de votre
camarade Warot, qui vous connaissait bien
avant que je ne vous connusse, mais qui ne vous
aimait pas plus que je vous aime... C'est que,

depuis que je vous vois à l'œuvre en cet Opéra
si vaste et, par cela même si compliqué, vous
apportez dans l'exercice de vos délicates fonctions tant de tact, tant de courtoisie et tant de
souriante indulgence! Certes, après vos succès
d'artiste et de professeur, après vos voyages à
travers le monde, vous aviez le droit de tout
attendre, et je me rappelle avec quelle mélancolie un homme considérable, qui plaidait votre
cause, s'écriait, en une occasion mémorable :

— C'est dommage! Je ne sais pas d'artiste
plus méritant et vraiment plus digne que Capoul de diriger un grand théâtre!...

Je vous avais alors entrevu dans les coulisses
et je ne vous connaissais que par le bien que
l'on m'avait dit de vous. Aujourd'hui, puisqu'il
en est temps encore, alors qu'une réelle amitié
s'est établie entre nous, je vous transmets les
sages conseils de Warot et aussi l'éloquent sa-
tisfecit de votre illustre avocat... Vous nous
affirmez que souvent vous reviendrez au milieu
de nous, et qu'encouragé par vos récents succès de dramaturge vous nous préparez des ballets, des opéras, voire des drames... Mais qui
donc vous empêche d'être auteur dramatique,
ici, à Paris?

Ah! je vous assure bien que vous avez tort...
Musique! musique!... Paris! Paris!... Quand
on y a touché, c'est pour toujours... Meilhac

recommandait au musicien un grain de poésie,
et le bon Warot, de son côté, ne demandait
pas autre chose... Vous avez souvent évoqué
devant moi des souvenirs de jeunesse... Bien
des fois, vous, le parfait interprète d'Offenbach
et du même Meilhac, vous avez vanté cette musique si fine et si gracieuse, si légère et si hardie :
vous en savourez la capricieuse élégance, vous
en goûtez la gentille irrévérence... Vous n'aurez
plus rien de tout cela à Toulouse, et vous êtes,
vous, mon cher Victor Capoul, sachez-le bien,
un Cadet de Paris...

Juin 1906.

La Semaine des Tragédiens

Les tragédiens, les croyants comme les appelait malicieusement l'ancien doyen de la Comédie Edmond Got, viennent d'avoir deux grandes semaines. On les a acclamés d'abord à Paris, ensuite à Rouen et jusqu'en Luxembourg, et jamais triomphe ne fut plus mérité. Notre premier théâtre, affirmant sa prospérité, sort comme grandi d'une pareille épreuve. Un tel résultat est dû aux superbes interprètes de Corneille et aussi à leur chef. Non content de remonter, pour la circonstance, une œuvre oubliée ou méconnue et de lui adjoindre l'annuel et traditionnel à-propos, M. Jules Claretie a élargi sa tâche. Nous avons revu *le Cid* et *Horace*, qui ne quittent jamais l'affiche; nous avons revu *Polyeucte, Cinna* et *Rodogune,* dont les apparitions sont plus rares, et aussi, non plus par fragments mais tout entier, ce *Menteur* que Delaunay, Dorante incomparable, avait tant de plaisir à jouer et qui vaut à son élève M. Dehelly un mérité succès. Nous avons refait connaissance avec *Psyché* et *l'Illusion comique* (ah! que Coquelin cadet, délicieux Perrichon, fut un Matamore spirituel, exquis, classique, gardant constamment la note juste!)... Nous avons eu enfin deux véritables premières, celles de *Nicomède* et de *la Mort de Pompée*.

Certes, c'est quelque chose de gouverner ce monde si fragile de comédiens et de tragédiens, de classiques et de modernes, c'est quelque chose de posséder l'art d'éviter les froissements, de calmer les blessures et de promettre sans trop s'engager. Mais ce qui est infiniment plus délicat, c'est de donner, le moment venu, le coup de barre nécessaire, c'est de montrer que la tragédie, trop souvent malmenée, reste une des forces essentielles de notre premier théâtre. Le *Salut à Corneille* que M. Silvain a lancé d'une voix superbe n'est pas seulement l'hommage sincère d'un parfait homme de lettres au grand poète classique; c'est en même temps — le mot appartient à un des plus distingués artistes du théâtre — un rappel à l'ordre...

Rappel à l'ordre... Notre tragédien exagère sans doute, mais de telles licences ne sont-elles pas permises à ces fervents, à ces croyants, qu'on raille injustement et qui sont bien les plus

braves gens qu'on puisse voir?... Comment
d'ailleurs en serait-il autrement? Comment
n'auraient-ils pas, hommes et femmes, jeunes
premières et amoureux, pères nobles, confidents et suivantes, l'âme ingénue et sublime,
eux qui passent leur existence en un monde où
tout est courage et probité, dévouement et sa-
crifice, où pas un mauvais sentiment n'effleure
leurs imaginations candides? Au fond, ces
croyants, lorsqu'ils quittent leurs habits de
théâtre, gardent un peu de la charmante naïveté
des personnages qu'ils tentent d'idéaliser sur la
scène. Et cela n'est-il pas tout naturel? Ils ont
l'ardeur, ils ont la foi, ils ont l'enthousiasme.
Ils pensent — et comme on les envie! — que
c'est toujours arrivé...

On conte que le plus illustre de ces croyants,
notre cher Mounet-Sully, gagne sa loge trois
heures avant que les chandelles soient allumées
et la quitte à deux heures du matin... Quoi d'é-
tonnant alors à ce que le concierge du théâtre
préfère la comédie à la tragédie et les modernes
aux classiques?

C'était encore Got qui, en plein Comité, dit
un jour au brave Maubant :

— Mon cher Maubant, j'ai songé à une réforme que vous approuverez sûrement!

— Une réforme?... soupira Maubant, faisant
plus que jamais gronder les *r*.

— Les tragédiens, et vous le premier par droit d'ancienneté, seront désormais logés au théâtre... Logés, chauffés, nourris et blanchis, vous entendez bien ! Nous vous dédommagerons ainsi du mal que vous vous donnez pour nous enrichir, nous autres comédiens !

Perrin présidait l'aréopage. Il ne professait, on le sait, qu'une tendresse médiocre pour Corneille et Racine ; il souriait aux boutades du doyen et ne soufflait mot : Delaunay, qui avait sous les traits d'Hernani, un rôle tragique s'il en fut, remporté un brillant succès, n'osait trop railler l'art tragique : Coquelin venait de faire représenter *Jean Dacier*, une tragédie en cinq actes de M. Charles Lomon, et Frédéric Febvre, comédien moderne par excellence, ne pouvait oublier qu'il avait remarquablement joué le Laffemas de *Marion Delorme*, et avant Laffemas, à Montmartre et à Belleville, tous les traîtres des mélos du père Dumas, d'Anicet Bourgeois et de d'Ennery. Les plaisanteries du doyen Got à l'adresse de Maubant décontenancé n'étaient d'ailleurs pas bien méchantes, et son aversion pour la tragédie ne l'empêchait nullement de tenir en particulière estime son camarade Mounet-Sully et d'avoir au Conservatoire une toute jeune élève qu'il aimait beaucoup.

Cette élève se nommait Marie Weber. Je la revois au Conservatoire... Nous suivions, Phi-

lippe Crozier et moi, les cours de Got, de Delaunay, de Worms et de Maubant... De sa voix
tremblante et délicieuse, Marie Weber épelait
Andromaque, et Got, grimpant sur la scène et
débitant le texte de Racine, répétait :

— Comprenez, mes enfants! La musique,
toujours la musique!... Sans le rythme il n'est
pas de diction possible...

Marie Weber travaillait, fouillait, piochait
le personnage, et à la fin de l'année elle gagnait haut la main la première récompense. Le
début triomphal à l'Odéon dans *les Jacobites,*
l'entrée à la Comédie, le retour en Odéonie, la
rentrée définitive au Théâtre-Français, et entre
temps que de luttes!.. Elle revivait, il y a quelques jours, tout ce passé et elle classait ses souvenirs. C'était là-bas, bien loin, tout près de
Charonne, non loin de cet arrondissement —
le onzième! — où elle est née et où son nom
n'est pas moins populaire que partout ailleurs.
Les spectateurs, se pressant les uns sur les
autres, criaient : « Weber! Weber! » et, la joie
au cœur, fière d'être ainsi comprise par les
braves Parisiens du onzième, elle nous contait
qu'en une semaine elle s'apprêtait à rendre cinq
héroïnes de Corneille. Jamais, vous le pensez
bien, elle n'avait été à pareille fête... Sans s'a-
pitoyer outre mesure sur ses débuts difficiles,
elle nous expliquait — une de ses jeunes cama-

rades de tragédie ouvrait tout grands ses beaux yeux noirs — pourquoi, ayant si longtemps marqué le pas, elle était décidée à suivre l'exemple de ses aînées et à user de son droit de priorité... Elle apportait à ces explications tant de sincère cordialité que la jeune camarade elle-même se serait bien gardée de la contredire. Elle ajoutait — ici encore elle avait cent fois raison ! — qu'au temps où les comédiens de Perrin raillaient si galamment la troupe tragique, « une Semaine à Corneille » eût amené une vraie révolution... Elle nous rappelait que M. Silvain, qui a joué et monté *Nicomède* en grand artiste, dut attendre des mois et des années avant d'aborder un grand rôle.

C'est que la méthode, l'ancienne méthode, qui consistait à montrer au public toujours les mêmes artistes présentait de graves périls. On ne considère aujourd'hui que les résultats, mais, il faut bien le proclamer, cette admirable troupe tragique, constituée par la direction actuelle, était à peine en formation il y a vingt ans... A cette époque M. Mounet-Sully paraissait à peine deux fois par mois : le Comité guerroyait déjà contre Mlle Dudlay, et Maubant, souffrant de son inaction, réclamait ses rôles de confidents de comédie, tel qu'Ariste des *Femmes savantes.* Affichait-on, par hasard, *le Cid* ou *Britannicus?* M. Silvain jouait Narcisse ou le Roi, mais on lui défendait de toucher à Burrhus et à don Diègue... Chéry, le bon Chéry, quittait la place, découragé de tenir les utilités : Martel, à qui on refusait à tort l'honneur du sociétariat, espérait un vrai rôle de tragédie et ne voyait rien venir, alors que Dupont-Vernon, doué d'une mémoire prodigieuse, se contentait de suppléer ses camarades.

— L'éternel « pied levé » que ce Dupont ! faisait l'incorrigible doyen Got...

Pauvre Dupont-Vernon à qui, au lendemain de sa création de Ganelon de *la Fille de Roland,* on avait promis le sociétariat, et qui l'attendit toute sa vie ! Les nouveaux venus d'alors, qui deviennent peu à peu les anciens, les Weber, les Paul Mounet, les Albert Lambert, et, après eux, M. Leitner, M. Fenoux, M. Ravet, M. Hamel, Mlle Delvair, Mme Louise Silvain, Mlle Roch, Mlle Maille, n'ont pas connu ces périodes angoissantes de repos forcé...

Corneille et Racine ont maintenant repris leur place à côté de Molière... Les mardistes, en l'honneur desquels on expurgeait jadis le rôle d'Arnolphe, applaudissent couramment *le Cid.* Aux abonnés du jeudi après midi se sont joints, tous les quinze jours, ceux du dimanche soir. Aux Batignolles et à la Villette, à Ménilmontant et à Grenelle, dans tous les faubourgs de Paris, on porte en triomphe Horace et Camille, Chimène et Rodrigue, Phèdre et Hippolyte, et le lundi 4 juin 1906, par un clair soleil, la Comédie-Française, affichant *Cinna* et *le Menteur*, soit dix actes copieux de Corneille, enregistrait une recette de six mille et quelques cents francs. Argument décisif, argument irrésistible, devant lequel tous les sociétaires, les modernes et les classiques, s'inclinent et se réconcilient!

Et je ne pouvais, en ces soirées de fêtes si glorieuses pour notre premier théâtre, m'empêcher de songer à notre cher Sarcey, qui, toute sa vie, plaida cette bonne cause, multiplia les campagnes, et avec quelle courageuse et intelligente indépendance!... Ah! qu'il eût été heureux de ce magnifique et inespéré résultat!... Et je suis bien certain que M. Jules Clarctic a, lui aussi, évoqué, ces jours-ci, le nom aimé de notre maître disparu...

Autour de la Reprise

de « la Princesse de Bagdad »

Voilà vingt-cinq ans — un quart de siècle !
— que *la Princesse de Bagdad*, dont la Comédie-Française nous annonce la prochaine reprise, fut jouée pour la première fois. A dire
vrai, elle rentre au bercail, et vous savez avec
quel éclat M⟨me⟩ Jane Hading, excellemment secon-
dée par MM. Dumény, André Calmettes et le regretté Nertann, tint au Gymnase le terrible rôle
de Lionnette de Hun. Elle avait à lutter contre
le souvenir d'une comédienne merveilleuse,
Sophie Croizette : elle n'en remporta pas moins
un magnifique succès.

On a, en ces derniers temps, disserté à perte
de vue sur le théâtre de Dumas. Les éternels
mécontents ont assouvi leurs vieilles rancunes :
mais les témoins de la vie de Dumas, ses amis

de toujours, MM. Victorien Sardou et Jules Claretie, ont remis les choses au point, tandis que M. Paul Hervieu, en un discours d'une haute éloquence, nous montrait l'illustre athlète que cambraient les poids des victoires portées à bras tendu. Durant quelques minutes — minutes supérieures, eût murmuré le Thouvenin de *Denise* — M. Paul Hervieu a fait revivre l'écrivain d'où émane une belle expression d'adresse et de puissance armée. Un grand ministre de l'Instruction publique, M. Raymond Poincaré, nous traçait naguère un portrait magistral de Dumas et développait une autre idée : il proclamait que l'opulent manieur de pensées et de sentiments avait, toute sa vie, au milieu de tant de luttes, gardé un peu de l'exubérance tropicale de son père et de la bravoure guerrière de son aïeul.

Puissance armée, opulent manieur de pensées et de sentiments, rien de plus juste... Je me souviendrai éternellement, je crois, de cet heureux jour où notre amie Mme Madeleine Brohan, présidente de nos Chevreuillets, me fit l'honneur de me présenter à Dumas. On donnait ce soir-là, à la Comédie-Française, *le Marquis de Villemer*: Delaunay jouait le duc d'Aléria; Worms, le marquis; Thiron, Dunières; Barré, le vieux domestique; Mme Reichenberg, Diane de Xaintrailles. Mme Émilie

Broisat succédait à Sophie Croizette précisément dans Caroline de Saint-Geneix, et « Madame Madeleine » jouait la marquise. Les trois coups frappaient pour le « quatre » et Madeleine Brohan était littéralement affolée. Plus elle jouait ce quatrième acte, moins elle le savait... Elle montrait à Dumas que cette fin gâtait l'ouvrage, et elle insistait pour qu'il obtînt de Mme Sand l'autorisation de condenser en une scène finale tout ce laborieux dénouement. Dumas, selon son habitude, regardait fixement et laissait dire.

— Faites-moi répéter, au moins, reprenait aimablement Madeleine Brohan, puisque vous avez l'air de vous moquer de tout ce que je vous raconte!

Dumas ne répondait toujours pas : il prit la brochure et offrit la réplique. L'avertisseur Besnard arriva comme une bombe dans le guignol et prévint Madeleine Brohan qu'elle avait « manqué son entrée »...

Elle l'avait bien manquée. Les spectateurs ne s'étaient aperçu de rien... Delaunay avait pris des temps et habilement ajouté quelques phrases au texte... Je restai seul dans le guignol en compagnie de Dumas... Il écoutait religieusement la scène, et moi, tout penaud, je n'osais même pas jeter les yeux sur mon illustre interlocuteur.

— Quel répétiteur je suis, reconnaissez-le, monsieur! N'est-ce pas extraordinaire?... Léotaud, le souffleur, qui n'a pas eu un seul mot à envoyer à Madeleine!...

Dumas se mit alors à me conter un tas d'historiettes de souffleur plus jolies et plus cocasses les unes que les autres... Son père pensait que la présence du pompier à l'avant-scène est l'indication exacte du succès d'une pièce : lui, sans nier l'importance du pompier, jugeait que le rôle du souffleur n'est pas moindre que celui du chef d'orchestre...

— C'est la première fois que je rate mon entrée! s'écria Madeleine Brohan sortant de scène.

— Possible, répondit Dumas. Seulement, remarquez que, pour la première fois aussi, on vous a fait une sortie dans cet acte de *Villemer!*... Écoutez-les... Ils vous applaudissent, les mâtins... Ce que c'est que de m'avoir choisi comme répétiteur!

De la réfection du quatrième acte, de la suppression de certaines scènes, il n'était plus question. Dumas repartait de plus belle et Madame Madeleine continuait : lui décochant le trait, elle l'adoucissant, et les répliques rebondissaient... Il y avait là quelque chose de vraiment unique...

Je revis Dumas, souvent, pas assez souvent

à mon gré, mais, je puis bien l'avouer aujour-
d'hui, ce colosse me terrifiait. Le directeur des
Beaux-Arts, M. Henry Roujon, avait en Dumas
un conseiller rare; il ne manquait jamais de le
consulter sur les affaires délicates de son administration, et, chaque année, lors de la discussion du budget au parlement, j'étais chargé
d'abord de préparer le traditionnel plaidoyer
de la Censure, ensuite de le soumettre au président de la Commission des auteurs... Vous
devinez avec quelle joie, toujours mêlée d'un
peu de crainte, j'accomplissais auprès de Dumas la mission que me confiait le directeur des
Beaux-Arts. Ah! Anastasie passait là un assez
mauvais quart d'heure, bien que l'écrivain eût
depuis longtemps oublié les retentissantes attaques qu'il lui avait livrées et fût devenu un de
ses plus utiles partisans... Mais, Anastasie à
part, que d'admirables leçons de théâtre je reçus
du colosse! Il n'y a que notre grand et cher
Victorien Sardou, au cœur si chaud et à l'intelligence si belle, qui puisse lui être comparé aujourd'hui...

*
* *

Chacune des œuvres de Dumas avait son histoire, son casier, et, bien entendu, c'étaient ses pièces les plus contestées qu'il préférait. Certes l'entrée victorieuse du *Demi-Monde* à la Comédie et les triomphes de *Denise* et de *Francillon* l'avaient consolé de plusieurs échecs immérités ; certes la représentation de *l'Ami des Femmes* à la Comédie fut une brillante revanche, et M. Jules Claretie offrit là à son ami une de ses dernières joies... N'empêche que Dumas avait encore bien des comptes à régler avec le public, et, entre autres, celui de *la Princesse de Bagdad.*

Il avait mis debout la pièce en sept jours, nuits comprises : Perrin l'avait reçue d'enthousiasme et les artistes, depuis Worms, Febvre, Thiron et Sophie Croizette jusqu'à Silvain, qui trouvait dans le rôle du commissaire de police sa première création, se déclaraient ravis. Les dernières répétitions d'ensemble avaient merveilleusement marché, la « générale » avait été un triomphe, quand à la première des protestations partirent de tous les coins de la salle...

Dumas, en ses *Notes* qui datent de 1892, — onze ans après cette première, — raconte les péripéties de cette soirée... Pendant la bataille, il regardait la salle par la petite lucarne du manteau d'Arlequin, et il constatait que nombre de gens qui lui avaient serré la main quelques heures auparavant et devaient la lui serrer bien des fois encore laissaient paraître ingénument sur leur visage ce quelque chose dont parle La Rochefoucauld, qui ne nous déplaît pas dans le malheur de notre meilleur ami... La pièce n'en fut pas moins jouée quatre fois par semaine, du 31 janvier 1881 à la fin mai, et reprise en octobre... Hélas! le soir de cette reprise, Sophie Croizette faisait un de ces prodigieux tours de force dont nos comédiennes seules paraissent capables : elle allait jusqu'au bout du rôle, mais elle n'en pouvait plus, elle était terrassée par le mal, et le jour où elle revenait à la santé elle quittait le théâtre.

Cette retraite désola Dumas... Il avait, malgré et contre tous, cru à Sophie Croizette... On reprochait à la comédienne de manquer de style, d'avoir une diction heurtée, un jeu trépidant, de ne pas suffisamment connaître les ressources de son métier. La vérité est que ses éclatantes victoires du *Sphinx* et de *l'Étrangère* avaient déchaîné contre elle des inimitiés féroces... Mais Dumas était là, se souciant peu de tout ce qui chez la comédienne est convention et préférant à la leçon serinée la beauté du visage, la simplicité du geste, le charme d'une voix impérieuse, tous ces dons inestimables qui font l'artiste de race. Il retrouvait chez Sophie Croizette un peu de sa chère Aimée Desclée...

Ah! quel dommage qu'aujourd'hui je ne puisse transcrire à cette place la lettre que j'ai reçue, il y a quelques jours, de mon vieil ami Gustave Worms! J'ai souvent vanté ici ce grand artiste qui n'a pas été seulement le premier comédien de notre temps, mais qui, par un enseignement intelligent et libre, a formé toute une pléiade d'artistes jouant vrai, disant juste et comprenant ce qu'ils ont à dire. Il me paraissait donc tout naturel de demander au créateur de Nourvardy quelques souvenirs sur *la Princesse de Bagdad*. L'écueil, c'est que Worms, qui n'est ni un comédien ni un homme comme un autre, ne me pardonnerait pas de violer le secret d'une lettre amicale.

Il n'en est pas moins délicieux, ce billet où Worms, châtelain de Nemours, revenant d'une partie de pêche, évoque tout ce temps passé. Car dites-vous bien que, sous cette apparence d'indifférence et de sceptique, il cache une bonté exquise, une gaieté charmante et un sens critique très avisé. De ce billet, plein d'amusants aperçus sur la pêche, j'extrais (excusez-moi,

mon cher ami) ces seules lignes : « Un véritable
duel avec le public qui nous guignait à chaque
mot, attendant le moment d'une faiblesse, d'un
écart. pour passer tout entier dans une protestation et démolir un échafaudage si laborieuse-
ment édifié... Je vois encore l'auteur, froid,
supportant la tempête avec un calme complet.
Le public était si hostile qu'il criait : « A bas
Dumas! » J'ai été houspillé dans certaines
scènes, mais j'aimais ça. J'étais heureux de lutter et de montrer tout mon dévouement à l'auteur pour lequel j'avais une affection profonde.
Quant à ma camarade Croizette, elle a été admirable et, comme dernier éclair d'une carrière
si courte, séduisante au delà de toute expression. »

Les notes que le comédien nous remet en
1906 ressemblent, on le voit, beaucoup à celles
publiées par Dumas en 1892. Les uns rendent
justice aux autres : l'interprète plein de défé-
rence pour l'auteur, sa conscience de tout ce
qu'il lui doit : chacun reste à sa place, chacun
joue sa partie; tous collaborent au succès de
l'œuvre commune. et la reconnaissance n'a
pas l'air ici d'être un vain mot.

Et maintenant que nos mécontents, au
lieu de déverser leur bile, daignent écouter
tout à l'heure, aux examens du Conservatoire,
une scène de Dumas, n'importe laquelle,

qu'elle soit tirée d'un chef-d'œuvre tel que *le
Demi-Monde* ou d'un ouvrage moindre comme
la Question d'argent, et qu'ils comparent!...
S'ils veulent bien être sincères, ils avoueront
que la scène la moins bien venue de Dumas se
tient mieux encore que toutes les incohérentes
tranches de vie de ce théâtre prétendu nouveau
et déjà parfaitement démodé...

Juillet 1906.

Raimond

J'ai beaucoup connu l'excellent comédien Raimond qui vient de mourir. La dernière fois que je le vis, c'était à la gare de Lyon : il s'embarquait pour Marseille et de là pour Alger. Une longue tournée l'avait fatigué : il tentait de s'en remettre... C'est que — nos artistes le savent pourtant bien ! — on n'exerce pas impunément ce terrible métier, consistant à visiter cent cinquante villes en l'espace de cinq mois et à jouer la comédie tous les soirs, sans compter les matinées du dimanche et du jeudi. Au total, neuf représentations par semaine... Il n'y a que Sarah Bernhardt qui puisse fournir une telle somme de travail... Faire, par n'importe quel temps, six à huit heures de chemin de fer chaque jour, c'est déjà beaucoup assurément. Mais l'installation dans les hôtels, la surveillance des moindres détails, la gérance même du voyage !... Le pauvre Raimond, à l'exemple de tant d'autres, s'offrit le luxe d'organiser lui-même sa tournée, et cette fantaisie lui coûta tout bêtement la vie... Un de ses camarades, Baron, qui gagna beaucoup d'argent avec *les Trois Épiciers*, triomphalement promenés à travers la France, me disait un jour :

— Ces voyages-là m'ont donné plus de mal que dix rôles à établir... On ne se doute pas des difficultés d'exécution qu'ils nécessitent. Vous lisez les bulletins de victoires enregistrés par les courriéristes de théâtre. Mais ces succès, au prix de quels efforts nous les obtenons ! Sur quels tréteaux nous jouons parfois, dans quels bouges nous logeons, quand il serait si doux de rester chez soi, de ratisser son jardin et d'y arroser ses légumes !... Honneur à Sarah Bernhardt, qui exécute ces stupéfiants tours de force ! Honneur à mon ami Albert Brasseur, qui, digne héritier de son père, apporte chaque année la gaieté dans tous les coins de nos provinces !... Quant à moi, jamais je ne recommencerai... La plus terrible maladie dont nous soyons affligés, nous autres comédiens, c'est celle de la tournée, et elle ne pardonne pas... Nous y laissons notre peau !...

Raimond, en effet, y laissa sa peau. Sa fin, nous a-t-on conté, fut cruelle... Pauvre Raimond, qui, si souvent et si longtemps, nous procura la joie de rire et nous aida à oublier nos misères, et qui, lui, s'en va torturé par la souffrance! Est-ce bien juste cela, et ne semble-t-il pas que ces grands amuseurs devraient mourir sur la scène, en plein succès, en pleine joie?...

Les débuts de Raimond n'avaient pas été moins pénibles que sa fin... Il parut pour la première fois en public au théâtre de La Tour-d'Auvergne, illustré par Baron et Germain d'abord, par Gabrielle Réju — lisez Réjane — Marais et Antonia Laurent ensuite, et aussi par nombre de jolies femmes, les théâtreuses d'alors... Raimond, lui, se trouvait réduit au cumul : l'après-midi, il répétait la comédie qu'il jouait le soir, et le matin il faisait le commerce des lampes : il en achetait, il en vendait, et si je me fie à mon ami Georges Grison, son camarade d'infortune, il en acheta beaucoup plus qu'il n'en vendit. Il ne regrettait d'ailleurs aucunement ces années, durant lesquelles, tâtonnant et hésitant entre la comédie et la lampisterie, il attendait la Veine qui se refusait à lui porter secours.

Ces aventures de jeunesse, Raimond nous les contait il y a une quinzaine d'années en cette fameuse Brasserie du Domino où, le soir, écrivains, comédiens et comédiennes, directeurs de journaux et de théâtres se réunissaient entre minuit et trois heures du matin et accumulaient les parties à quatre, sous l'aimable surveillance de Falguière et de M. Adrien Hébrard. Chaque soir Raimond, avant de prendre le train, commandait son bock et son sandwich : jamais plus, jamais moins; il adorait le domino et en connaissait les secrets, mais, l'heure ne lui permettant pas de se livrer à son plaisir favori, il s'installait tout seul à la table voisine de la nôtre et regardait la partie. Quand le domino faisait relâche, Raimond venait au milieu de nous et bavardait gaiement. Satisfait du présent, il ne se rebiffait pas contre la Destinée qui lui offrait une belle revanche... Il se montrait particulièrement fier d'avoir été autrefois remarqué par Émile Perrin, administrateur général de la Comédie-Française...

J'entends encore Raimond, de cette voix de fausset qu'il savait rendre si cocasse, nous narrer cette entrevue.

— Au fond, disait-il, Perrin ne songeait pas du tout à moi. On m'aperçut chez le concierge du théâtre, on me vit entrer dans le cabinet directorial... Conclusion : j'étais engagé... Raimond, le jocrisse, le queue-rouge du Palais-Royal, devenant pensionnaire de la Maison de Molière, de l'autre côté de la galerie, quelle révolution!... En appelant à lui les comédiens des autres théâtres, Perrin tenait en haleine ses sociétaires... Une feinte, rien qu'une feinte!... Est-ce que vous croyez, d'ailleurs, qu'il eut jamais l'idée d'engager José Dupuis, des Variétés, qu'il manda tout comme moi?... Dupuis — le malin ! — profita de la circonstance pour prier son directeur, Eugène Bertrand, d'augmenter ses appointements, et il obtint gain de cause. Moi, je ne fus pas aussi heureux ; Briet ne voulut rien entendre... Perrin n'en avait pas moins satisfait mon amour-propre de comédien... C'était l'essentiel... J'ajoute que jamais, au grand jamais, je n'aurais commis la folie de quitter mon Palais-Royal !

« Mon Palais-Royal ! » Avec quel orgueil, fort légitime du reste, Raimond scandait ces mots ! Son Palais-Royal... Il y avait pourtant fait un long et sévère apprentissage... Les Geoffroy, les Lhéritier, les Brasseur, les Gil Pérès, les Hyacinthe, les Lassouche, n'étaient pas commodes : ils se serraient les coudes, ils n'ouvraient pas facilement la porte aux débutants, et nul peut-être plus que Raimond ne souffrit de cet état de choses. Pensez que trois cent soixante-cinq soirs de suite, à huit heures moins le quart, devant les banquettes, en compagnie de Montbars, du gros et joyeux Montbars, il joua un traditionnel lever de rideau intitulé *Mon Collègue!*... Il venait alors en droite ligne

du théâtre Déjazet, où il avait créé *les Femmes
de Paul de Kock*. Il avait auparavant joué la
comédie un peu partout... C'est au Château-
d'Eau qu'après la guerre, dans une très amusante revue, *Forte en Gueule*, il donnait la
réplique à Gobin, à Dailly et à plusieurs jeunes
et délicieuses comédiennes dont, par galan-
terie, je me dispenserai de citer les noms.
Après la guerre!... Trente-cinq ans de théâtre!
Je rappelais souvent à Raimond et *Mon Collègue* et aussi ce tableau de *Forte en Gueule*,
« la Dernière Cartouche », qui attira tout Paris
au Château-d'Eau. C'était, à moi, un de mes
plus lointains souvenirs de théâtre...

— Ne me vieillissez pas, murmurait Raimond en riant. Vous raconterez tout cela
quand je ne serai plus là, et surtout vous attes-
terez que ni Daubray ni moi nous n'apparte-
nions à la fameuse troupe du Palais-Royal qui
figure au foyer du théâtre. Quelle drôle d'idée
tout de même que de nous rendre, de notre
vivant, les honneurs qu'on ne doit qu'aux
morts!... Mais Geoffroy et Lhéritier pouvaient
être nos grands-pères!... J'étais, moi, un petit
garçon, je vous l'assure, quand je les applaudis
pour la première fois... Daubray, Milher,
Saint-Germain, — celui-ci transfuge du Vaudeville, — Mmes Céline Chaumont, Mathilde,
Alice Lavigne, Cheirel et moi, nous formions

la nouvelle troupe, la troupe de Mussay, lequel remit sur pied le Palais-Royal...

Raimond rendait justice à son directeur, M. Mussay, et il avait cent fois raison... Une troupe, tout à fait digne de l'ancienne, se formait alors, pleine de ressources... Daubray ne possédait certes pas la superbe bonhomie de Geoffroy, mais il avait plus de finesse, plus d'esprit et aussi plus de souplesse : Geoffroy idéalisait les personnages, parfois un peu monotones, de Labiche : Daubray restait, avant tout, le héros — et quel héros! — des étourdissantes comédies de Meilhac et Halévy. La fantaisie étincelante de Raimond ne valait-elle pas, à tout prendre, celle de Gil Pérès? (Souvenez-vous de *Divorçons*, de Sardou; de *Ma Camarade*, de Meilhac et Gille; du *Sous-Préfet de Château-Buzard*, de Gandillot; de *Monsieur Chasse*, de Feydeau; de *M'amour*, de Bilhaud et Hennequin; de *Coquard et Bicoquet*, à la Renaissance de Fernand Samuel; de *Ma Cousine*, aux Variétés.) Saint-Germain, artiste de tout premier ordre, ne possédait-il pas cet art particulier et supérieur de donner aux plus conventionnels vaudevilles une note discrète de vraie comédie? Mme Mathilde n'était-elle pas, de l'avis même de nos anciens, l'égale de la mère Thierret? Quelle est la comédienne qui montra plus de franche gaieté que la pauvre

Alice Lavigne? L'inoubliable créatrice de *Divorçons*, Mme Céline Chaumont, faisant sa rentrée dans *le Parfum*, d'Ernest Blum et Raoul Toché, ne restait-elle pas une grande comédienne de la bonne école?... Et Mlle Cheirel, alors presque une inconnue? Et Calvin et Pellerin, deux vétérans qui gardaient les saines traditions des anciennes « parts entières » du Palais-Royal? Et Milher, qui dessinait tous ses rôles d'un trait si sûr, si large, si comique?

Tous ces artistes se dispersèrent peu à peu... M. Mussay lui-même quitta la place, et ce n'est pas sans mélancolie que Raimond assistait à la dislocation de cette troupe qu'il avait tant aimée et dont il était une des forces... Il y a dix-huit mois, alors que de si bonne grâce il collaborait à la représentation que nous organisions pour la « Maison des Comédiens », Raimond, se laissant aller aux douceurs du souvenir, me dit sur un ton d'indicible tristesse :

— C'est nous, maintenant, les vieux!... Un comédien ne devrait jamais vieillir...

Nous avons alors jeté ensemble un regard vers le passé, revécu les soirées du Domino et remarqué que les survivants se faisaient rares... Encore un qui disparaît!... Un comédien toujours amusant, parfois supérieur, et un bien aimable camarade...

Mais l'article nécrologique n'est pas fini,

et je m'en voudrais de ne pas exprimer, à cette place, ma reconnaissance au brave Chevalier, qui, après avoir joué la comédie avec succès, rendit tant de services à nos Trente Ans de théâtre. C'était lui qui se chargeait de distribuer les secours aux malheureux, et qui préparait nos représentations de faubourgs. Tous nous l'aimions, tous nous l'estimions. Ces collaborateurs anonymes du succès n'occupent pas le rang qu'ils méritent... Ils sont l'honneur de notre profession.

Juillet 1906.

Chez M. Ernest Reyer

A MOUTHIERS

C'est à Mouthiers-Haute-Pierre, dans le Doubs, qu'après une halte à Paris M. Reyer vient s'installer l'été. Je vous contai, en février, ma visite au Lavandou, qu'il a choisi comme station d'hiver. Ce voyage au pays du mimosa m'avait ravi, et j'entends encore M. Reyer, alors un peu souffrant, soupirer :

— Vous viendrez cet été à Mouthiers. Vous verrez ça... C'est unique !

Il avait raison : le Mouthiers de la Franche-Comté vaut le Lavandou de la Méditerranée. Donc, de grand matin, après une inutile invocation au thermomètre marquant près de trente degrés, nous quittons Besançon, superbe capitale spirituellement célébrée par le Briant d'Alfred Capus, et nous grimpons dans un de ces pittoresques et incommodes chemins de fer de montagnes que nos voisins, les bons Suisses, appellent funiculaires. Le sifflet de la locomotive résonne de tous côtés : l'écho, le fameux écho, est formidable, et aux bords des chemins sautillent des sources, des cascades et des torrents : l'eau partout nous accompagne : parfois on la perd de vue, et elle reparaît nous guettant derrière le bois : elle ne veut pas qu'on l'oublie. L'indicateur nous apprend, par des astérisques d'une obscurité singulière, que l'embranchement de Mouthiers est Lods... Nous posons force questions au chef de train, au sous-chef, au contrôleur : aucun d'eux ne connaît cette localité. Nous consultons de nouveau l'indicateur et ses astérisques : par bonheur un voyageur compatissant intervient et nous tire d'embarras. Nous avions mal prononcé le mot et manqué ainsi à tous les égards dus au langage franc-comtois.

Lods ou Lô peu importe... Nous arrivons... Sur le quai de la petite gare nous apercevons M. Reyer. Il porte, comme aux heureux jours, son chapeau sur l'oreille. C'est bon signe. Nous escaladons avec lui la gentille berline qui doit nous conduire à Mouthiers. Nous ne nous trompions pas... Il a la joie au cœur et nous confesse tout d'abord que rien au monde ne peut le rendre plus heureux que la croix accordée à sa grande amie, Mme Rose Caron.

— Et puis, continue-t-il, si vous saviez combien tous ont été gentils et empressés!... J'allai voir, il y a trois semaines, la veille de mon départ, l'homme exquis que j'avais naguère connu ministre des Beaux-Arts... On a bien fait de me conseiller cette visite présidentielle. Je ne la regrette pas...

Vous avouerai-je que ce récit, que je résume ici, avait quelque chose de très émouvant? Le compositeur de deux impérissables et incontestés chefs-d'œuvre de la musique française sollicitant officiellement, personnellement, crânement, la récompense pour son interprète, ne vous semble-t-il pas que la scène est d'une belle tenue?

Quant au grand cordon, M. Reyer déclare que, donné en même temps que le ruban à l'artiste, il lui cause ainsi un double plaisir. Le maire de Mouthiers, les conseillers municipaux — le village compte huit cents habitants — se proposaient de lui remettre officiellement les insignes, mais il s'est dérobé à toute cérémonie et s'est contenté de recevoir un bouquet et d'embrasser la couturière et la fille du gendarme...

— On dira ce qu'on voudra, reprend-il. C'est le tout petit ruban rouge qui nous touche le plus!... Après, ça ne compte plus guère... J'avais quarante ans quand on me fit chevalier,

et vous voyez que c'est déjà bigrement loin...
J'étais alors à Baden-Baden, en compagnie de
mon vieil ami Maxime Du Camp. Il n'avait
rien trouvé de mieux, le mâtin, que d'acheter
d'interminables mètres de ruban rouge... Il en
avait fourré partout, sur ma table, à ma fenêtre,
par terre et jusque dans mon lit... Cette fois,
c'est la délicieuse petite fille de mon ami
M. Georges Leygues qui est venue m'annoncer
— exquise attention de son père — qu'on me
gratifiait du cordon. J'ai là de bien jolies lettres...
Lisez celle du concierge de Jean Aicard... Il est
licencié ès lettres, s'il vous plaît, le concierge
de mon ami Aicard, et ne manque jamais d'inscrire ce titre au bas de sa demande de places
pour *Sigurd!*...

J'écoutais M. Reyer... Ces anecdotes du
temps passé, agrémentées de fines observations
sur les gens et les choses d'à présent, avaient
une extrême saveur. A la vérité on ne le connaît guère, et ses intimes seuls savent ce qu'il
cache de tendre et délicate affection. Des mots,
certes, il en a et nul ne décoche plus allégre-
ment le trait que cet homme qui, il ne faut tout
de même pas l'oublier, connut toutes les déceptions de la vie et gagna la première place après
de longues années d'effroyables luttes... Le
pauvre Becque, autour duquel — j'invoque le
témoignage autorisé de M. Victorien Sardou

— on entasse tant de fausses et méchantes légendes, nous disait souvent, plein de tristesse :

— On colporte les mots d'esprit... On ne
connaît pas les maux du cœur!

La boutade de mon ami me revenait hier à
la mémoire tandis que je reprenais la route de
Paris. Je songeais aux heures si courtes que je
venais de passer chez le poète de *Sigurd* et *Salammbô*. Que de souvenirs il avait évoqués! Que
de noms aimés il nous avait cités, et quelle
douce revanche lui est offerte!... L'écueil,
hélas! c'est que quelques-uns de ceux qui
furent les témoins des premières tristesses ne
sont plus là maintenant pour assister à cette
consolante réparation. Gérôme, le grand Gérôme, l'ami de toujours, est parti trop tôt, et
quand on prononce ce nom honoré et aimé
entre tous :

— Ah! celui-là, fait M. Reyer, les larmes
plein les yeux, on ne le remplacera pas!...
Nous étions côte à côte à l'Institut depuis tant
d'années... Le jour où mon vieux compagnon
m'a quitté, j'ai moi aussi changé de place... Je
ne pouvais plus m'y retrouver sans lui...

Combien je regrette de transcrire si hâtive-
ment aujourd'hui ce qu'il me disait hier avec
tant d'éloquente simplicité!... Il narrait, puis il
bourrait, débourrait et rebourrait ses pipes qui
ne le quittent jamais... Nous étions paisible-

ment installés devant les montagnes immenses
et nous contemplions les inexpliqués hasards
de la nature... Le soleil et les fleurs entraient
par les petites fenêtres de la salle : les cléma-
tites s'en donnaient à cœur joie, et il fallait voir
M. Reyer, toujours galant, préparer le bouquet
du retour pour ses aimables invitées...

Et dire que tout à l'heure, quand on procla-
mera, à la distribution des prix du Conservatoire, le nom de Mme Rose Caron, quand on
rendra à l'incomparable artiste la justice qui
lui est due, M. Reyer ne sera pas là!... Mais
j'ai idée que ce sera fête ce soir-là à Mouthiers-
Haute-Pierre et qu'on offrira une seconde fois
l'accolade à la couturière et à la fille du gendarme...

Août 1906.

Chefs d'Orchestre

Il n'est pas trop tard pour rendre justice à Alexandre Luigini, mort si prématurément, enlevé en quelques jours par un mal brutal et stupide. Nous n'osions croire à cette nouvelle désolante et inattendue... Eh quoi! cet homme que nous avions vu il y a quelques semaines plein de force, heureux de ses succès, jouissant pleinement de son bonheur, parlant de tous et de tout avec une indulgence toujours souriante, cet homme-là parti sans que son admirable compagne ait, pour ainsi dire, eu le temps de lui porter secours!

M. Albert Carré, en ce très éloquent hommage qu'il a offert à son collaborateur, a fort heureusement défini, à mon sens, le rôle que doit tenir le chef d'orchestre, le capellmeister tel que le comprennent nos voisins. Assurément ce n'est pas de gaieté de cœur que Luigini

renonça à la composition : ses ouvrages dé-
notent un réel talent, et son *Ballet égyptien* se
donne encore couramment sur nos scènes de
province et constitue une jolie fin de spectacle.
J'avais récemment applaudi ce ballet et je de-
mandais à Luigini pourquoi il ne cherchait pas
à le donner à Paris.

— Oh ! ça, jamais, me répondit-il... Il faut
opter entre les deux professions, et être ou
bien chef d'orchestre ou compositeur. Mais
vouloir diriger le soir des musiciens, et le reste
du temps composer, non ! On ne résiste pas à
ce double travail... Forcément on se nuit à soi-
même et on ne satisfait personne. Les compositeurs vous reprochent d'empiéter sur leur
domaine, et les chefs d'orchestre aussi. Ce que
je rêve, pour ma part, c'est la création d'une
école de chefs d'orchestre. Nous avons déjà
beaucoup fait au Conservatoire, qui reste, pour
la musique et quoi qu'on prétende, la première école du monde. Nous devrions aller plus
loin encore, et nous obtiendrions des résultats
appréciables... Nous ne pourrons pas toujours
recruter les chefs d'orchestre parmi les prix
de Rome. Je redoute des malentendus et des
confusions, et le cumul me semble dange-
reux...

Une profession de foi aussi nette ne manquait pas de courage. L'objection se devine

aisément... M. Camille Chevillard et aussi
M. Édouard Colonne, — pour ne nommer que
deux de nos plus illustres chefs d'orchestre —
lorsqu'ils se rendent en Allemagne ou en Autriche, montent au pupitre, et, après un raccord,
conduisent une symphonie de Beethoven avec
le même talent que s'ils dirigeaient les or-
chestres de Paris. C'est un stupéfiant tour de
force qu'ils exécutent, aux applaudissements
enthousiastes des musiciens qui se groupent
autour d'eux. Mais ces exceptions-là, on les
compte... Et puis, est-ce qu'un chef d'orchestre
de concert peut être assimilé à un chef d'orchestre de théâtre? La direction d'une symphonie n'exige-t-elle pas d'autres qualités que celle
d'une œuvre lyrique, et l'expérience n'atteste-
t elle pas que le concert n'a, en somme, rien à
voir avec le théâtre? Il faut l'avouer : aujour-
d'hui, le chef d'orchestre ne montre pas toujours assez de souplesse. Celui-ci se croirait
déshonoré s'il dirigeait un ouvrage du vieux
répertoire; celui-là, au contraire, sous prétexte
que la musique nouvelle relève de l'algèbre,
s'en tient à Meyerbeer et à Gounod... Il n'est
guère que notre ami Paul Vidal — un musicien
de tout premier ordre, celui-là ! — qui soit capable de diriger ce soir les *Huguenots* et demain
le *Fils de l'Étoile*...

L'éclectisme intelligent de Luigini faisait

notre admiration... Il gardait une reconnaissance attendrie pour les ouvrages qui lui va-
lurent ses premiers succès, mais cette prédilection ne l'empêchait nullement d'apprécier la
musique moderne et de déchiffrer, à première
vue, des pages hérissées de difficultés. Il n'y a
pas bien longtemps, je me trouvais, dans une
maison amie, le voisin de table de Mlle Mary
Garden et de M. Camille Erlanger. On préparait à l'Opéra-Comique *Aphrodite*, et les répétitions se prolongeaient certains jours jusqu'à
sept heures. Compositeur et interprète s'exta-
siaient sur le talent du chef d'orchestre, et
M. Camille Erlanger, dont la belle et savante
musique effarouche — qu'il me permette de le
lui dire — les exécutants de la gracieuse et
facile *Mireille*, répondait aux aimables re-
proches qu'on lui adressait :

— Nous ne saurons jamais, librettiste, interprètes et compositeur, tout ce que nous devons
à M. Albert Carré, qui est un metteur en scène
de tout premier ordre, et à Luigini, qui, sans
effort, vient à bout d'une besogne très compli-
quée, je le reconnais. Ces deux hommes inspirent confiance à tous, grands et petits, et, aux
heures de découragement, — elles sont fatales,
— ils rendent courage... Ce sont deux collaborateurs vraiment parfaits qui se complètent à
merveille.

Alors que le brillant musicien d'*Aphrodite* vantait les bienfaits de cette collaboration, l'interprète, Mlle Garden, nous contait avec quelle dextérité Luigini savait, le cas échéant, secourir l'artiste, le repêcher et le remettre dans la bonne route.

— Luigini? faisait-elle gentiment en son langage pittoresque, c'est notre bon Dieu à nous autres chanteurs!...

Ces mots d'auteur et d'interprète me revenaient à la mémoire lorsque le directeur de l'Opéra-Comique, très ému, nous disait : « Deux cœurs ne battent point chaque jour, pendant des années, dans un même enthousiasme pour les mêmes beautés, dans une même crainte et dans un même espoir, sans qu'à leur insu parfois beaucoup d'affection ne pénètre en eux, qui inséparablement les rive l'un à l'autre. »

On ne pouvait dévoiler de plus délicate manière les secrets d'une aussi parfaite collaboration... Et pourtant n'y a-t-il pas autre chose encore? Et cette « autre chose », ce je ne sais quoi d'indéfinissable qui rive deux intelligences et deux cœurs, c'est tout bonnement l'amour du métier... Le théâtre seul, le théâtre souvent si décrié, fait de ces prodiges.

On a naturellement, à propos de Luigini, rappelé que l'Allemagne et l'Autriche seules possèdent de vrais capellmeisters... Je ne suis pas de ceux qui pensent que, grâce à leur discipline théâtrale, les scènes allemandes réalisent l'idéal, et que rien chez nous ne peut leur être opposé. La visite que je fis en 1900 en ces théâtres prétendus parfaits me rassura pleinement : peut-être n'avez-vous pas oublié que, preuves à l'appui, je vous indiquai les causes d'une supériorité que seuls nous persistons à nous contester. Mais il y aurait tout de même mauvaise grâce à ne pas avouer que ce « Portez armes », qui reste la devise des directeurs de théâtres de Vienne, de Munich et de Berlin, comporte, pour les chefs d'orchestre, de sérieux avantages.

Je me souviens de mon arrivée à Vienne. Je me proposais alors d'étudier le fonctionnement des *Volkstheaters,* autrement dit des théâtres populaires. A peine sorti de la gare et installé sur les moelleux coussins d'une exquise victoria viennoise, je savais que l'Opéra donnait *Don Juan.* Quel ne fut pas mon désespoir quand l'aimable portier de mon hôtel — ils sont tous si aimables, les Viennois ! — m'avisa qu'à prix d'or je ne pourrais entendre le chef-d'œuvre de Mozart, chanté par l'illustre Lili Lehmann ! Je tentai une démarche suprême et écrivis au capellmeister, M. Mahler, lequel ne m'accorda pas le moindre strapontin, mais vou-

lut bien m'offrir une utile et fort amusante
leçon de théâtre. Ce diable d'homme, d'apparence méphistophélique, m'expliqua le système
des subventions, des décors et de leur transport,
des trucs de lumière, des engagements d'artistes, des réceptions de pièces : il parlait d'a-
bondance, moitié français, moitié allemand,
trouvant toujours le mot juste et agrémentant
ses récits d'anecdotes naïves et charmantes.
Était-il chef d'orchestre ou directeur, compositeur ou interprète? Je me hasardai à lui poser
la question, et, d'un geste grand comme le
monde, il me répondit :

— Je suis tout cela à la fois!... Seulement,
nous autres, nous portons un nom que je ne puis
traduire en français et qui n'a pas son équiva-
lent chez vous. Nous sommes des *Capellmeisters!*...

Ce mot, prononcé par lui, prenait une importance considérable, et tout de suite je compris que j'étais en présence d'un homme unique
à Vienne. Il l'était en effet...

Nos directeurs de la musique sont plus
modestes et ne jouissent point d'une telle célé-
brité : leurs noms ne sont connus que dans
notre monde. Qui sait cependant si Luigini ne
faisait pas exception à la règle? Je fus, l'autre
jour, témoin d'une toute petite scène que j'hésite à conter, dans la crainte de la déflorer... Il

était neuf heures du matin... La place commençant à l'angle de la rue Taitbout et se prolongeant jusqu'à la Chaussée-d'Antin regorgeait de monde... C'était la « dernière » du pauvre Luigini... Deux jolies ouvrières qui se rendaient à leur atelier s'arrêtèrent devant le char funèbre, et j'entendis l'une d'elles murmurer :

— Tu vois! Il est mort, le chef d'orchestre de cette adorable *Vie de Bohème* que nous avons entendue si souvent et qu'il dirigeait si bien...

Elle détacha alors une fleur qu'elle avait à son corsage; elle la déposa auprès des couronnes et disparut dans la foule.

Très « opéra-comique » sans doute, cette scène qui ne dura que quelques secondes et ne valait que par sa simplicité... Et aussi très parisienne, cette gentille parente de Musette, dont les capellmeisters d'Autriche et d'Allemagne ne comprendraient certainement pas le charme...

Vingt Ans...

A M. Léon Gandillot.

Peut-être vous souvenez-vous qu'il y a six mois un intéressant procès de théâtre, concernant la propriété littéraire, nous était annoncé à Londres. Il ne s'agissait ni du trust ni de ces amusants démêlés entre directeurs et auteurs, au courant desquels vous tient notre ami et très distingué collaborateur Henri Varennes. Non! Un de nos plus brillants écrivains de théâtre, M. Léon Gandillot, constatait, *de visu,* que sa pièce, *la Mariée récalcitrante,* se jouait couramment chez nos voisins sous un titre pouvant faire supposer que cet ouvrage n'était pas le sien. J'emploie là, vous m'entendez bien, une circonlocution : nommons les choses par leur nom : il y avait démarquage.

Vous jugez si l'occasion était bonne pour représenter M. Gandillot comme un batailleur, jamais satisfait, toujours en lutte avec ses semblables. D'aucuns ajoutaient qu'il piochait l'anglais du matin au soir et qu'il était décidé à plaider lui même sa cause et à jouer le rôle du *solicitor*.

A mon tour, je voudrais profiter de la circonstance pour jeter quelque vérité sur cette affaire... Une amitié de vingt années me le permet.

Vingt ans d'amitié... Oui! Voilà vingt ans qu'un soir de bal de l'Opéra mon ami Antoine Banès, qui nous donna de charmantes opérettes parmi lesquelles la trois fois centenaire *Tolo*, eut l'heureuse idée de m'inviter à souper en un cabaret de nuit dans les parages de notre Académie de musique. C'est là, à la Rotonde, que je fis la connaissance de Gandillot... *Les Femmes collantes*, jouées à Déjazet, venaient de révolutionner le monde des théâtres, et depuis ce soir d'hiver nous ne nous sommes plus guère quittés, Gandillot et moi... Il avait vingt-cinq ans et moi aussi.... Nos joies et nos tristesses sont devenues les mêmes, et, quoi qu'en pense mon compagnon de route, la Destinée ne s'est pas trop mal comportée... Seulement, les manquants à l'appel augmentent chaque jour... Vingt ans!

J'étais déjà, à cette lointaine époque, un des fidèles de Sarcey et un des assidus de l'hôtel de

la rue de Douai. Gandillot, lui, qui au lendemain des retentissants feuilletons du *Temps* sur
les Femmes collantes passait de droit le premier
neveu de l'Oncle, y allait, au contraire, fort
peu. Sous la direction bienveillante de l'Oncle
et de Fouquier, nous exercions, Edmond Stoullig, Adolphe Brisson, Fernand Bourgeat, René
Benoist et quelques autres, les fonctions de critiques. Je rappelais vivement à l'ordre, pour ma
part, auteurs, directeurs, comédiens, et j'étais
en train de me créer pas mal d'ennemis sur le
pavé de Paris... O douces illusions de la jeunesse!... Je croyais exercer un sacerdoce hebdomadaire, et nul n'obtenait grâce devant moi.
Le successeur d'Émile Perrin à la Comédie-
Française exprimait doucement le regret, assez
légitime en somme, qu'un fonctionnaire des
beaux-arts malmenât si fort la grande Maison.
Une terrible guerre lui était déclarée par Fouquier, et docilement j'emboîtais le pas. Mais
mon ami Henry Régnier veillait au grain : une
simple explication remit tout en place. Le directeur du second Théâtre-Français, de son
côté, présentait une observation analogue, et
l'Oncle lui-même ne parvenait pas à maîtriser
ma juvénile ardeur... L'avouerai-je? Je m'a-
muse parfois à relire ces feuilletons et j'en rou-
gis... A vingt-cinq ans, contester Dumas, mal-
mener Sardou et ne rien admirer en dehors de

la Parisienne de Becque et de *la Petite Marquise* de Meilhac et Halévy, c'est tout de même
roide !...

*
* *

Gandillot, lui, marchait de succès en succès.
Il avait monté à ses frais, au sortir de l'École
centrale et après son service militaire, *les
Femmes collantes*, auxquelles son oncle Hector
Crémieux ne croyait qu'à demi, et, du coup,
deux ou trois cent mille francs tombaient dans la
caisse du directeur de Déjazet, M. Boscher, qui
n'en revenait pas... La jolie *Mariée récalcitrante*
et la joyeuse *Course aux jupons* succédaient aux
Femmes collantes, et pendant que l'Oncle proclamait qu'un nouveau Labiche était né
M. Jules Lemaître déclarait que Gandillot lui
paraissait, avec Courteline, l'individu le plus
gai de la génération nouvelle. Il a la tête de
Tibère, écrivait-il, sans avoir la cruauté de ce
prince. Il sait, quand il le faut, pratiquer l'observation implacable et semer son dialogue de
mots amers. Mais le fond de son affaire, c'est
la gaieté, une gaieté saine, robuste, bien plus
rare et plus précieuse que l'amertume des au-

teurs rosses et la profondeur des tranches de
vie.

Oui, cette gaieté avait bien sa saveur propre.
Ce n'était ni le gros rire ni le hoquet convulsif
que provoquent des situations comiques, des
chutes de fantoches se trompant de portes ou
de lits, des coups de pied, des gifles et des
bruits de vaisselle... Déjà les personnages
bouffes, mais fort rationnels, de *Ferdinand le
Noceur*, préparaient ceux d'*Associés*, du *Pardon* et du *Bonheur à quatre* (trois ouvrages
exquis mais venus trop tôt), et aussi ceux de la
charmante *Villa Gaby*, que, faute de répertoire et
de troupe stable, nos théâtres de Paris ne jouent
plus et ont abandonnée à la province.

Pas aussi gai que l'affirmait M. Jules Lemaître, le jeune Tibère, et pourtant que de
cordialité entraînante et simple en cette maison
montmartroise où Gandillot nous hébergeait,
Capus, Grosclaude, les deux Guillaume, Auguste Moine, Antoine Banès, Cooper, Noblet,
le peintre Vallet, Edmond Millaud, Delarue et
notre pauvre Alphonse Allais, qui conduisait
la fête !

Une maison, oh ! que non ! Deux ou trois
chambres vieilles, étroites, où on ne voyait pas
clair à deux pas ; des chambres rechignées,
adroitement et joliment remises à neuf, avec
leurs boiseries tarabiscotées et leurs plafonds

capricieux. Tout était singulier en cet antre délicieux, depuis le rez-de-chaussée, qui appartenait à un marchand d'odorants fromages, jusqu'au second étage, qui n'eut jamais de locataire. Les pièces étaient garnies de meubles anciens, de potiches de vrai sèvres, de faux saxe et de demi-japon : au mur, des tableaux, des portraits, et au jardin — il y avait un jardin! — des fleurs qu'on aidait à pousser... On eût juré que Schaunard et Colline avaient passé par là, et aussi Musette et Mimi, qui volontiers, après le déjeuner et avant la répétition, venaient aux nouvelles et y restaient...

Ah! ces stupéfiants mardis gras! Ah! ces inimaginables mi-carêmes, où Alphonse Allais, notre maître à tous, organisait la marche sur les toits! Le Chat Noir, illustré par Maurice Donnay et inauguré par Salis, battait son plein alors, et la sarabande des Quat'z'Arts commençait... Ah! la gracieuse Bohème, mélancolique et folle, sensuelle et mystique, macabre et chauvine, païenne et moyenâgeuse, réactionnaire et anarchiste! C'était un joli coin du vieux Paris... Poètes, peintres, dessinateurs, sculpteurs, musiciens, directeurs de théâtre, comédiens, chanteurs, tous, hommes et femmes, s'y connaissaient, tous s'y plaisaient, et tous s'y aimaient...

Hélas! ce coin-là n'existe plus; beaucoup

ont disparu et Gandillot lui-même a abandonné
Montmartre pour se réfugier rue de Rome : il
habite un rez-de-chaussée bourgeois qui a des
portes, qui a des fenêtres et qui a même un jar-
dinet devant lequel défilent chaque jour des
centaines de locomotives hurlantes... Seul le
marchand de fromage est resté fidèle au poste
déserté...

A ce tableau une ombre apparaissait alors...
Les directeurs de théâtre n'étaient pas commodes il y a vingt ans. Volontiers ils se syn-
diquaient, et nous connûmes le temps où quatre
scènes de genre — quatre, s'il vous plaît ! —
étaient dans les mêmes mains... Les débutants,
auteurs et interprètes, devaient subir la loi
commune : au dramaturge le directeur impo-
sait soit des collaborations inutiles, soit des
diminutions de droits; à l'interprète, d'in-
croyables engagements. Gandillot, on le sait,
se rebiffait : les traités louches, présentés par
des courtiers marrons, l'indignaient; il menait
une guerre implacable à ces impresarios de
bas étage... J'ai conté, naguère, comment,

pourquoi, avec quelle intelligence courageuse il défendit à la barre sa propre cause. Mais par un heureux hasard, au moment même où il réclamait ses comptes à la justice, il avait exceptionnellement sur l'affiche trois comédies... Gandillot accapareur, songez-y! Au Gymnase, dirigé par MM. Porel et Carré, *Villa Gaby* triomphait; au Palais-Royal, les directeurs, MM. Mussay et Boyer, encouragés par la réussite du *Sous-Préfet de Château-Buzard*, avaient remis à la scène *Ferdinand le Noceur,* merveilleusement joué par Raimond, Gobin et Mlle Lender, et l'Athénée, qui ouvrait ses portes, donnait *la Course aux jupons*... J'entends encore le directeur des Beaux-Arts, M. Henry Roujon, nous dire très crânement, à Jules Dupré, son secrétaire, et à moi :

— J'ai vu ces trois pièces. Elles sont toutes trois pleines du talent le plus rare... Gandillot a refusé la croix l'an dernier... Je vous promets qu'il l'acceptera aujourd'hui. Elle lui causera doublement plaisir, et c'est tant mieux!...

C'était bien là une revanche... Mais que de déceptions, que de luttes, durant cet interminable procès qu'on aurait si bien pu éviter et qui, pendant des années, interdit à Gandillot de s'installer à sa table de travail!

Voilà l'histoire de mon ami. Elle remonte à vingt ans. Je l'ai racontée telle qu'elle est, par le menu. Il ne m'appartient pas d'apprécier ou d'énumérer ses ouvrages. Je sais seulement que le plus récent, *Vers l'amour*, est un véritable chef-d'œuvre... Il est banal de louer son indépendance, sa probité, et il est inutile, je pense, de rappeler ses démêlés avec la Société des auteurs. C'est lui qui, autrefois, envoyait une réclamation au président Sardou, et terminait sa lettre par ces mots : « Recevez, monsieur le président, l'hommage de ma profonde *tristesse.* »

Est-ce assez gentil, ce trait? Notre cher Sardou sourit et passa... Il connaissait le réclamant : il savait bien que ses attaques ne s'adressent qu'aux forts et que sa tendre bonté pour les méconnus, qu'il obligea sans jamais en rien dire, est infinie.

Et voilà aussi pourquoi aujourd'hui, en terminant cet article que j'ai eu un particulier plaisir à écrire, j'éprouve le besoin de rappeler le joli mot de Dumas qui s'applique admirablement à Gandillot :

— Avec une demi-douzaine d'hommes comme celui-là, le monde pourrait encore se tirer d'affaire!...

Leurs Débuts...

On rentre... Les théâtres rouvrent... Les chefs d'emploi reprennent leur tour... Elles sont finies, ces soirées où les débutants s'essayaient pleins d'espoir... Celui-ci joua — le même soir ! — Orgon des *Jeux de l'amour et du hasard* et Argan du *Malade imaginaire*. (Le chef d'emploi était en congé et le sous-chef faisait de même...) Celui-là parut sous les traits de Figaro du *Barbier* et de Sganarelle du *Médecin*. Mais combien l'attente fut longue ! et qui sait quand il y reparaîtra ? Le public pourtant a applaudi les débutants, et les habitués n'ont pas trop insisté sur les interprétations d'autrefois. Ah ! les comparaisons redoutables ! Ah ! les bustes de Samson, de Régnier, de Provost, de Bressant, de Delaunay, qui vous regardent, qu'on admire, et qui sans cesse évoquent le passé ! Ah ! leurs sévères

successeurs qui se cachent au fond d'une loge
et qui tout à l'heure, au Comité, vous jugeront
et décideront de votre avenir !

C'est encore l'Oncle — toujours l'Oncle ! —
qui suivait amoureusement ces estivales soirées
de répertoire et pensait que rien ne vaut la dé-
couverte d'un artiste ignoré, insoupçonné,
qu'on guide, qu'on encourage et qu'on impose
au public.

— Non ! disait-il, vous ne savez pas, et vous
ne saurez jamais, mes amis, les joies que je
goûte ici même, depuis que j'assiste à ces représentations, aux rentrées des uns, aux débuts des
autres et aux prises de possession de rôles importants par des maîtres comédiens. Leurs débuts ! J'ai vu Got, aujourd'hui Poirier incomparable, s'emparer de ce rôle que Lesueur
semblait avoir marqué à jamais... Got le travaillait, le piochait, le remuait en tous les sens. Il
modifiait ceci et cela, tâtait jusqu'à certaines
intonations, et entra si parfaitement dans la peau
du bonhomme qu'il finit par passer pour en
être le créateur. Est-ce que ce n'est pas en été
que, chaque semaine, j'ai repris mes théories
favorites et ai persuadé à mes lecteurs que Perrin, son Comité et toute la Comédie commet-
taient une criante injustice en n'attribuant pas
la part entière à Mlle Reichenberg, sous prétexte
qu'elle jouait les ingénues et ne rendait pas au-

tant de services qu'une jeune première ou un père noble? Voilà comment, l'été aidant, j'ai mené quelques campagnes, réprimé pas mal d'abus et fait connaître au grand public, qui se refusait à les adopter, des artistes inconnus ou méconnus. *Leurs débuts!* Le jour où j'en aurai le temps, je mettrai en ordre toutes ces histoires, et je souhaite que mes lecteurs aient autant de plaisir à lire mon volume que j'en aurai, moi, à l'écrire...

Installé dans le couloir du balcon, ayant à ses côtés Mme Louis, la doyenne des ouvreuses de la Comédie, et deux ou trois de ses neveux qui ne le quittaient pas, l'Oncle émaillait ses récits d'anecdotes et prenait soin de les adapter à l'optique du théâtre. Sa cordialité était communicative, sa bonne humeur prodigieuse, sa sincérité sans égale et sa santé, physique et intellectuelle, superbe. Il était impossible de résister à un homme qui aimait aussi profondément son métier, qui y croyait aussi aveuglément et qui ne vivait qu'au théâtre et pour le théâtre. Nous n'avons pas eu l'ouvrage promis : *Leurs Débuts,* et c'est dommage.

Leurs Débuts... Quoi, d'ailleurs, de plus attrayant que de se dire ou de se croire le Christophe Colomb d'un comédien ou d'une comédienne? La vie de ville d'eaux, par exemple, que je mène actuellement en compagnie de mon vieil ami Adrien Vély — un des rares hommes sachant tourner le couplet ! — cette vie-là serait-elle supportable si, après l'absorption de la demi-douzaine de verres obligatoires, nous ne nous rendions au théâtre? Là est la consolation de cette existence monotone qui se traîne trois longues semaines, durant lesquelles on vous prive de tout ce que vous aimez et on vous ordonne tout ce que vous n'aimez pas.

Les casinos... Rappellerai-je que c'est à Contrexéville que débuta Mlle Marie Leconte? On l'appelait déjà alors « la petite Leconte »... Tous les jours, à midi sonnant, nous l'apercevions trottinant gentiment et cachant sous un voile épais son gracieux visage de grisette. Elle se dirigeait vers le théâtre : elle y répétait jusqu'à cinq heures, et, le soir, elle jouait tous les rôles : les ingénues, les amoureuses et même les jeunes premières : elle nous intriguait fort, « la petite Leconte ». D'où vient-elle? Comment vit-elle? Autant de questions que nous nous posions les uns aux autres. Au nom des buveurs d'eau mes frères, je lui portai nos félicitations. Rougissante, balbutiant, elle ne savait que répondre.

— J'adore mon métier, monsieur, fit-elle, et je voudrais bien avoir un jour du talent...

Le vœu est réalisé : « la petite Leconte » est devenue grande : elle est aujourd'hui sociétaire de notre premier théâtre, et, comme si elle se plaisait à donner tort aux mécontents qui affirmaient qu'elle ne serait qu'une excellente comédienne de genre, elle est Rosine du *Barbier*, elle est Lisette des *Jeux de l'Amour*, elle est Henriette des *Femmes savantes*, elle joue *l'Avare*, elle joue *les Précieuses ridicules* et *les Folies amoureuses*, et elle se crée une place considérable dans le répertoire. La comédie moderne devient ainsi un jeu pour elle. Elle se montre la plus spirituelle sous-préfète du *Monde où l'on s'ennuie*, mais on sent que, quand elle le voudra, elle jouera Suzanne de Villiers... Mimi, de *la Vie de Bohème*, ne trouva jamais une plus parfaite interprète, non plus que *l'Autographe*, *la Chance de Françoise*, *la Paix chez soi*, *le Cœur a ses raisons*, et le jour où la Comédie projeta de s'annexer cette adorable *Petite Marquise*, M. Ludovic Halévy la réclama...

C'est qu'elle a, comme pas une, la souriante mélancolie, la grâce discrète et la poésie inexprimable de ces héroïnes de Marivaux, de Musset et de Murger, cousines germaines de celles de Meilhac et Halévy... On lui reprochait naguère de ne pas avoir passé par le Conservatoire, dont l'entrée lui fut refusée... Ne serait-il pas plus juste de redire que les qualités de l'élève ne se développent le plus souvent qu'après l'École?... Mᵐᵉ Sarah Bernhardt,

Mme Rose Caron, Mme Bartet n'obtinrent que de simples accessits; Mme Réjane ne gagna que la seconde nomination, et Mmes Jane Hading et Jeanne Granier n'ont jamais songé à frapper à la porte de notre Conservatoire. On a indiqué ici-même pour quelles raisons, subissant les effets d'un règlement trop sévère, Mlle Leconte n'a pas, à la Comédie, matériellement du moins, la situation qu'elle a conquise auprès du public. Peu importe... Les comédiennes qui, comme elle, mettent au service de leur art tant d'intelligence, de volonté et d'ardeur, réussiront toujours, et les buveurs d'eau de Contrexéville ne se sont pas trompés...

Et c'est encore à Contrexéville, berceau théâtral de Mme Jeanne Granier et Louise Théo, que l'an dernier, à pareille heure, une jeune comédienne qui vient de se classer au premier rang, Mlle Gabrielle Dorziat, témoignait la plus rare souplesse de talent.

Leurs débuts! Non, ma chère Louise Balthy, je n'oublie pas plus que vous qu'un certain soir, il y a quelques années, notre ami Alfred Delilia voulut bien vous « donner une audition ». Il préparait alors, en compagnie de Blondeau et Monréal, une revue aux Menus-Plaisirs. Vous excelliez, déjà, en cet art si délicat de la charge fine, de la parodie malicieuse et de la caricature amusante. Vous fîtes défiler devant nous les étoiles du jour, Thérésa, Paulus, Florence Duparc, Ouvrard, Sulbac, Valentine Valti... Le lendemain, vous étiez engagée aux Menus-Plaisirs : le surlendemain, vous étiez célèbre... Puis, l'année suivante, nous nous rendîmes ensemble aux « Quat' z'Arts », alors bien ignorés... Dans la troupe, un artiste nous étonna... Il lançait ses couplets d'une jolie voix bien assurée : il les accompagnait lui-même au piano. Ce débutant, qui ne savait pas un mot de français, se nommait Fragson... Il nous conta tant bien que mal son odyssée... Les portes lui étaient partout fermées, et le directeur de l'Européen, M. Debasta, consentit à lui ouvrir celles de son concert. Vous connaissez la suite...

Leurs débuts!... Mais il me semble que je me laisse aller, moi aussi, à vanter mes prétendues découvertes... Il faut m'excuser... C'est la vie de ville d'eaux qui nous pousse à de telles licences...

Septembre 1906.

. Le Temps des Cerises...

C'est une triste vérité : il ne faut pas mourir en été : l'heure est mauvaise pour « la dernière ». Notre pauvre camarade Julien Sermet, parti l'autre semaine après de longs mois de souffrances, n'en a pas moins été loué comme il le méritait, et c'est un de ces rares amis, un de ces amis de toujours, donnant un peu de sourire à l'existence souvent si cahotée, M. Gustave Geffroy, qui lui a dit adieu...

Je quittais la Censure au moment où Sermet y entrait, en 1893, il y a treize ans déjà... Sa tâche semblait particulièrement délicate : il avait fait beaucoup de chansons, de pièces et de revues de concerts, et souvent il avait eu maille à partir avec nous... Je vous contai récemment comment fonctionnait l'inspection des théâtres et des concerts : Philippe de Forges, notre doyen, et Paul Bourdon, l'aimable Bourdon, qui aujourd'hui passe sa retraite entre ses deux patries, la Lorraine et l'ancienne Grenouillère, s'occupaient surtout des théâtres ; mon ami Georges Gauné et moi, nous visions et nous interdisions les chansons : nous avions la surveillance des cafés-concerts. Ces établissements étaient, à cette époque, fort nombreux, et le samedi, le jour du renouvellement du programme, nous faisions une dure besogne : heureusement notre garçon de bureau, le cher Desmolières — nom béni ! — dont je vous vantai les prouesses, veillait sur nous, et, d'un ton maussade et extrêmement comique, appelait, tour à tour, les régisseurs par le nom même de leurs concerts. « Entrez, Eldorado ! entrez, Éden ! entrez, Salle Clichy ! » L' « entrez, Salle Clichy ! » valait le voyage... Nos collègues de tous les services du ministère accouraient pour l'entendre. Nous avions, Gauné et moi, de ces douces consolations... Nous les léguâmes à Sermet.

Vous pensez bien qu'on s'empressa de reprocher au nouveau censeur d'accepter un pareil poste. Mais Sermet apporta dans l'exercice de ces difficiles fonctions beaucoup d'amabilité et les réclamants furent vite réduits au silence. C'était tout de même, je le reconnais, un vrai tour de force que de refuser le terrible « visa » lorsqu'on avait été le collaborateur de Bataille, une des gloires de l'époque!...

Eh oui! Bataille était une gloire... Il jouait lui-même ses pièces : il était le compère, et le compère fort amusant, ma foi, de ses revues, qui toutes dépassaient la centième, à la grande joie de Mme Allemand, directrice fort avisée de la Scala... Une revue sans Bataille, Molière du concert du boulevard de Strasbourg, ne marchait pas. Aussi la direction prévoyante imaginait-elle de monter une revue l'hiver et une autre en fin de saison... Grâce à cette combinaison, le nom de Bataille flamboyait constamment sur l'affiche. Si, pour une raison de force majeure, — pour cause d'absence d'actualités! — une revue ne voyait pas le jour, Bataille nous offrait, toujours en collaboration avec Sermet, la joyeuse *Noce à Mézidon,* ou un autre acte copieux et à grand spectacle qui terminait la soirée.

Sermet sentait bien les inconvénients d'un tel voisinage, et, en même temps qu'il s'empara des ciseaux d'Anastasie, il renonça à cette collaboration. Il s'adonna au roman et tâta même du théâtre, sans avoir, hélas! le temps de réaliser les légitimes espérances que ses amis fondaient sur lui. Visiblement, un mal lent et inguérissable le minait.

Je l'apercevais encore parfois au théâtre.

Nous parlions de ce temps lointain où il nous apportait ces revues qui avaient le don d'exaspérer de Forges, car nous assistâmes, Sermet, Gauné et moi, à des scènes épiques... Le nom seul de Bataille terrifiait notre doyen, ce qui avait décidé Sermet à venir seul, à la Censure, défendre ses pièces.

Un jour, la discussion se poursuivait, violente, au point de réveiller le cher Desmolières. Chacun, censeur d'un côté, auteur de l'autre, avait pris et maintenu ses positions... A bout d'arguments, Sermet dit à de Forges :

— Ah! monsieur, nous nous querellons bien fort et, au fond, nous sommes du même avis.

— Comment, du même avis! s'écria de Forges, bondissant et indigné... Jamais de la vie!

— Oui, reprit doucement Sermet. Vous ne savez donc pas que moi, qui vous soumets des pièces, des chansons, des revues que vous jugez obscènes, j'adore les vieux refrains et reste un admirateur passionné de ce théâtre dont monsieur votre père — l'auteur de ces *Pantins de Violette,* un vrai chef-d'œuvre! — fut un des plus distingués représentants. Je n'ai pas à vous dévoiler les mystères de la collaboration, mais vous avouerez que dans toutes nos revues, si immorales qu'elles soient, il y a, çà et là, un couplet qui excuse bien des choses, un tout petit

coin de bleu qui devrait nous assurer votre indulgence... Ici, cette scène que l'acteur dénatu-
rera et qui n'en est pas moins un pastiche de ce
bon vieux temps, du *Temps des Cerises!*...
Lisez!... Là, ce duo qui passera inaperçu et
que j'ai déniché, savez-vous où? Dans *le Gamin
de Paris*... Non, allez, monsieur de Forges, je
ne suis pas si coupable... On raille vos ciseaux
à vous et on me fait un crime de ma *Noce à
Mézidon* à moi. Nous n'y pouvons rien, ni vous
haut fonctionnaire, ni moi pauvre chansonnier... Nous valons peut-être plus qu'on ne
croit... C'est l'essentiel.

Non! je ne saurais vous dire avec quelle sincérité, quelle gentillesse, et j'ajouterai quel
charme, Sermet débitait tout cela... Je contem-
plais mon collègue qui écoutait, ahuri, son interlocuteur et n'en revenait pas... *Le Temps des
Cerises,* ce temps que Cooper chanta si gra-
cieusement et remit à la mode!... *Le Temps des
Cerises!*... Il n'en fallait pas davantage pour
réconcilier ces deux hommes. Depuis ce jour,
la paix était faite, et j'ai idée que, lors de la mort
de de Forges, on découvrit dans sa bibliothèque, qui constituait un vrai musée théâtral,
soigneusement reliées, *la Cabotine* ou *le Baiser
suprême* de Sermet, peut-être même cette *Belle
Opération* que M. Antoine joua aux Menus-
Plaisirs.

Vous comprenez maintenant pourquoi Sermet représentait à nos yeux toute une époque, tout un temps : celui des cerises... Et le fait est qu'on chantait alors beaucoup la romance au concert et que jamais les lilas, les roses — et les cerises ! — ne furent plus en honneur. L'Eldorado, la Comédie-Française des cafés-concerts, avait possédé Bonnaire, la gaie Bonnaire, aujourd'hui retirée du théâtre et menant la familiale vie de province ; Mme Amiati, lançant d'une belle voix le couplet patriotique ; Bourgès, qui roucoulait la romance du poivrot et en faisait chanter le refrain en chœur par « ses amis du poulailler » ; Debailleul, célébrant les fleurs et les oiseaux ; Mathieu, qui ne chantait pas, mais qui détaillait fort malicieusement le vieux monologue ; Ducastel, le grand Ducastel, le Baron du concert ; Perrin, le gros Perrin, lançant avec une volubilité incroyable des histoires stupéfiantes ; Libert, l'Amant d'Amanda... A cette troupe formée par Renard, directeur de l'Eldorado, allaient se joindre Antony et Mercadier, émules et successeurs de Debailleul ; le joyeux Sulbac, qui débutait ; Ouvrard, inaugurant la chanson de pioupiou, où notre Polin est passé maître ; Mme Canon et Gabrielle Chalon, chantant « la diction » ; Villé, qui, à l'Éden de Mme Castellano, boulevard de Sébastopol, entonnait le vieux refrain ;

Mme Juana, qui, d'une voix superbe et toni-
truante, roucoulait la chanson d'Espagne... Au
premier rang, apparaissait alors Mme Duparc,
héritière d'Anna Judic... Elle nous débitait *la
Petite Nounou* :

> Eh ! dit' donc ma p'tite nounou,
> Vot' petit demand' quequ' chose...
> Eh ! dit' donc ma p'tite nounou,
> Faites-lui donc boire un p'tit coup !

Aux côtés de Mme Duparc, qui nous faisait
apprécier le répertoire de Villemer et Delormel
(c'étaient les maîtres du genre), Paulus gamba-
dant, gesticulant, chantant, disant, dansant et
triomphant sur toute la ligne ; Victorine Demay, si ronde, si cordiale et pleine de talent ;
Valentine Valti, gommeuse idéale aux chapeaux
vertigineux ; Paula Brébion, raffolant de « l'ai-
grette de son p'tit lieut'nant », et Marius Richard nous incitant à aimer le bon vin de
France... Une toute jolie blonde, d'une voix
exquise, qui avait l'air de câliner ses chansons
et de dorloter ses couplets, débutait et répondait au nom alors ignoré, aujourd'hui célèbre,
d'Anna Thibaud. J'en oublie... C'est encore à
cette époque qu'un écrivain, lui aussi devenu
illustre, défendait le concert et soutenait, non
sans courage, que cette poésie de beuglant est
tout ce qui nous reste de poésie spontanée et

anonyme, de la poésie des aèdes et des trou-
vères...

Il semble, ajoutait-il, que personne ne les
ait composées, ces chansons-là, et qu'elles
soient sorties toutes seules des pavés de Paris,
tant elles représentent la grivoiserie et l'irrévérence et, d'autres fois, la sensiblerie du peuple
et de la petite bourgeoisie de notre grand'ville.

« Le temps des cerises!... » eût repris Sermet. Qui sait même — j'y songeais l'autre jour
en apprenant, loin de Paris, sa fin tristement
prévue — si le jour où il bataillait pour une
chanson et dévoilait au doyen de la censure ses
idées, ses tendances et jusqu'à ses rêves, il n'a
pas, sans y prendre garde, livré sa véritable profession de foi?

Chansonnier d'abord, censeur ensuite, poète
toujours... Le poète de ces *Courtes Joies* qui
sont comme le reflet de sa vie!...

Cantatrices

Vous savez le grand, le superbe succès remporté au Trocadéro par ces pauvres et tout de même très résistants *Huguenots*. L'œuvre de Meyerbeer a fait merveille en cette salle immense : jamais la Bénédiction des poignards ne produisit plus d'effet; jamais le quatrième acte, admirablement chanté par Mlle Louise Grandjean et M. Léon Escalaïs, ne parut plus dramatique. Depuis la représentation au Trocadéro d'*OEdipe-Roi*, évoquant pour M. Mounet-Sully la première et inoubliable soirée du théâtre d'Orange en 1888, nous n'avions vu pareil triomphe : des acclamations sans fin partirent, durant quatre heures, de tous les coins de cette salle bondée, et ceux-là mêmes qui souriaient lorsqu'il fut question d'une exécution intégrale des *Huguenots* au Trocadéro reconnaissent que les vieux héros de Scribe et Meyerbeer gardent, malgré leurs années, une incroyable santé.

L'honneur de ce succès revient aux interprètes, aux musiciens, aux choristes, à M. Édouard Mangin... Tout plaisait, tout portait, jusqu'aux vocalises de la reine Marguerite (pensez donc, des vocalises!) qu'exécuta avec une science au-dessus de tout éloge Mlle Alice Verlet. Dirai-je que, dès le premier jour, le directeur de l'Opéra, M. Gailhard, fidèle Saint-Bris, prévut cette victoire et en est, somme toute, l'instigateur?

Mais les cinq mille personnes qui acclamaient Meyerbeer ne se doutaient pas que Mlle Grandjean, parfaite Valentine, accomplissait le plus stupéfiant des tours de force et donnait un rare exemple de probité professionnelle... Nevers, que le jeune M. Riddez chantait de si jolie façon, avait adressé au public la traditionnelle annonce et ajouté, non sans malice, que Valentine réclamait l'indulgence et n'en aurait pas besoin. Nevers disait juste... N'empêche qu'il faut du talent et du courage pour chanter à l'improviste *Aïda* le vendredi soir à l'Opéra et endosser, le samedi à midi, au Trocadéro, le costume de Valentine... Mlle Louise Grandjean pouvait, selon l'usage, se faire remplacer, les Valentines sans engagement étant

assez nombreuses sur le pavé parisien... Non !...
Elle était affichée, elle était annoncée depuis
plusieurs jours, elle avait donné sa parole, elle
voulait simplement la tenir, et elle la tint.

Le fait est rare en l'assez vilain temps qui
court. Cela est d'une « cantatrice », eût dit
notre chère amie Madeleine Brohan, qui exigeait qu'on distinguât la *cantatrice* de la chanteuse. J'ai d'ailleurs promis à Mlle Grandjean
de lui conter l'histoire de la *cantatrice*, et vous
ne m'en voudrez pas, amis lecteurs, si je vous
mets dans la confidence.

C'était donc il y a vingt-cinq ans, au Théâtre-
Français... Mme Madeleine Brohan — « Madame Madeleine » — nous disions, nous — y
régnait en grande dame; elle n'était pas seulement, vous le savez, une artiste délicieuse, qui,
après d'éclatants succès dans les jeunes premières et les coquettes, avait eu l'art de transformer, d'assouplir et de perfectionner son
talent : elle était aussi une femme d'infiniment
d'esprit, une femme vraiment supérieure... J'ai
autrefois publié des lettres d'elle dont vous
vous souvenez peut-être. Elle écrivait comme
elle parlait; sa bonhomie souriante, sa mélancolie gracieuse, sa philosophie indulgente faisaient à tous notre admiration. Lorsqu'elle
jouait la comédie, c'était fête au foyer du
théâtre, fête pour ses camarades qui l'ado-

raient, fête pour les habitués qui, chaque soir, régulièrement, prenaient l'air chez Molière, fête pour ses sept chevreuillets dont elle était présidente et qui avaient contracté la douce habitude de suivre chaque représentation du *Monde où l'on s'ennuie.*

Ce qu'étaient les entr'actes de l'amusante comédie de Pailleron, je crois vous l'avoir dit, et il y a bien des chances que je vous en parle encore... Ils se prolongeaient à un point tel que Richard — Richard, surveillant de la scène, créateur de Saint-Réault et notaire de toutes les comédies de Molière — rappelait à l'ordre sa doyenne, « Madame Madeleine »... La pauvre Jeanne Samary, qui jouait Suzanne de Villiers, manquait plusieurs fois son entrée; Suzanne Reichenberg, incomparable sous-préfète, suivait l'exemple, et Mme Émilie Broisat, Lucy Watson idéale, s'égarait elle-même au foyer en compagnie de Mme Edile Riquer, qui n'était pas indigne de donner la réplique à notre présidente. Nous autres, nous écoutions, nous nous instruisions et nous prenions nos premières leçons de théâtre...

On venait alors de jouer à l'Opéra, que dirigeait M. Vaucorbeil, le *Tribut de Zamora,* de Gounod. Cette œuvre, qui serait sans doute oubliée si les élèves du Conservatoire n'y puisaient d'utiles scènes de concours, avait obtenu, grâce à sa principale interprète, Mme Krauss, un succès plus qu'honorable. La « Marseillaise », qu'elle lançait d'une voix superbe, et le duo final lui avaient valu un triomphe. L'écueil, c'est que le rôle la fatiguait et l'obligeait à interrompre ses représentations du répertoire et particulièrement celles des *Huguenots*... Le théâtrophone n'était pas encore, à cette époque, installé au foyer de la maison de Molière, mais rien de ce qui se passait dans la maison de M. Vaucorbeil ne s'ignorait dans celle de M. Perrin. Les mardistes de la Comédie, qui étaient les vendredistes de l'Opéra, apportaient les nouvelles, recueillaient les potins, les propageaient, les grossissaient et tenaient ainsi à la perfection leurs rôles d'abonnés...

— Abonnés des cinq jours, faisait notre présidente. Trois soirs à l'Opéra, deux à la Comédie... Ils n'ont donc pas de famille, ces gens-là !...

« Madame Madeleine », bien qu'elle raillât doucement mardistes et vendredistes, s'intéressait, en réalité, beaucoup à la musique. Cette femme, qui connaissait à fond tous les secrets de Célimène et toutes les traditions d'Araminte, n'ignorait ni Beethoven ni Mozart : elle les comprenait à merveille. On avait plaisir à l'entendre parler musique.

— La Krauss chante ce soir, nous disait-elle,

et vous êtes là en rond autour de moi, en train
d'écouter mes fadaises ! Vous êtes tous des misérables !...

Un soir — toujours un soir de représentation du *Monde où l'on s'ennuie* — elle s'était
mise elle-même au clavecin, à ce clavecin que
Frédéric Febvre, musicien consommé, avait
fait venir tout exprès à la Comédie pour jouer
Almaviva, du *Barbier de Séville*. Elle indiquait
à Mlle Rosa Bruck, futur Chérubin qui suivait
les classes du Conservatoire, la romance : « Mon
cœur soupire ! » C'était exquis.

— Cela vous étonne, reprenait-elle, de me
voir professeur de musique ? Mais j'ai si souvent, aux côtés de Bressant, de Régnier, de
Leroux, de Jouassain et de ma sœur Augustine,
joué la comtesse de *Figaro*. Un rôle, je vous
l'affirme, qui vaut mieux que sa mauvaise réputation ! Quoi de plus joli que l'adieu de la comtesse à Chérubin, au second acte ?

Elle laissait alors le clavecin et nous débitait
toute la scène de Beaumarchais... Elle s'offrait
à elle-même la réplique. C'était encore elle
qui, quand elle jouait le rôle de la baronne
de Vaubert, de *Mademoiselle de la Seiglière*,
s'amusait à « souffler » celui d'Hélène qui avait
été autrefois un de ses meilleurs... Une autre
comédienne se fût sans doute livrée à de moroses réflexions sur ce sujet... Elle, au con-

traire, se montrait heureuse d'avoir été et d'être toujours...

La leçon de musique recommençait, et professeur et élèves reprenaient « Mon cœur soupire », lorsque Mme Gabrielle Krauss, précisément, entra au foyer.

— Bonsoir, ma chère amie. Venez que je vous embrasse et que nous vous félicitions de votre nouveau succès du *Tribut de Zamora,* s'écria Madame Madeleine. Il n'y a qu'une grande *cantatrice* comme vous qui soit capable d'exécuter de ces tours de force... Une *cantatrice,* oui ! Chanter mardi *les Huguenots* à cette soirée ministérielle et mercredi *le Tribut de Zamora* à l'Opéra, mais c'est un prodige, et vous l'accomplissez tranquillement et sans vous en vanter ! Nous autres comédiennes, nous nous plaignons de notre sort : nous apprenons des rôles, nous les jouons plus ou moins bien : on nous applaudit, et puis c'est fini, la comédie, et, au fond, il ne reste rien de nous, tandis que les cantatrices !... Je ne parle pas des chanteuses qui sont légion et ne valent guère mieux que nous autres comédiennes... Mais une cantatrice ! Vous en avez une devant vous et une vraie !... J'aurais donné tout au monde, moi, mes enfants, pour chanter *Aïda, les Huguenots* et *Don Juan* comme elle !

Mme Krauss écoutait, ravie. L'avertisseur

Besnard survint : « En scène pour le trois ! »
La duchesse de Réville nous quitta et la cantatrice partit...

Voilà l'histoire de la cantatrice, chère mademoiselle Grandjean... Vous l'avez, reprise samedi, cette histoire-là, et pour votre propre
compte... Une autre cantatrice, la première de
toutes, Mme Rose Caron, me disait, il y a quelques années, alors que vous quittiez l'Opéra-
Comique après y avoir chanté Philine de *Mignon, Haydée* et le *Pré aux Clercs*, vous Yseult,
vous une des favorites de Mme Wagner :

— Louise Grandjean... Rappelez-vous ce
nom-là... C'est celui d'une vraie et belle artiste...

Et je songeais l'autre jour, au Trocadéro, à
ma regrettée amie Madeleine Brohan, à son
histoire de *cantatrice*, et je constatais aussi
que Mme Rose Caron ne s'est pas trompée...

Octobre 1906.

A Coquelin Cadet

Vous avez donc, mon cher Cadet, quarante
ans de théâtre. C'est un confrère qui nous apporte cette étonnante nouvelle. J'y croyais si
peu que je vous ai posé la question : « Comp-
tez-vous, vraiment, quarante ans de théâtre ? »
Vous avez calculé, vous avez additionné, vous
avez soustrait, vous avez multiplié et j'ai remarqué que si jamais vous avez gagné un prix
d'arithmétique au collège de Boulogne-sur-Mer,
c'était bien par raccroc. Bref, les quarante ans
de théâtre n'ont pas encore sonné, mais peu
s'en faut, et puisque mon indiscret confrère
m'offre l'occasion de causer un peu avec vous,
j'en profite.

Il y a longtemps, vous le savez de reste, que
je veux vous remercier à cette place. Comment
oublierai-je que, dès le premier jour, alors que

les malentendus se succédaient les uns aux
autres, alors que les obstacles se dressaient
nombreux sur notre route, vous avez expliqué
ce que nous nous proposions de faire, en créant
une caisse de secours immédiats pour les malheureux du théâtre et en apportant à nos chers
Parisiens des faubourgs, avec l'indispensable
concours de la Comédie-Française, les belles
œuvres qui leur étaient jusqu'alors inconnues.
Il ne vous a pas suffi d'indiquer cette double
idée : vous avez pris la peine de vous installer
vous-même devant une table et d'aborder un
emploi que vous ne connaissiez pas encore :
celui de conférencier. Vous vous souviendrez
toujours, je crois, de votre première causerie
aux Gobelins : vous aviez, ce soir-là, le trac, le
terrible trac; vous aviez préparé une foule
d'anecdotes du temps passé, et naturellement
vous n'en avez pas raconté une seule. Vous
vous êtes contenté d'être vous-même, et votre
succès de conférencier a été si vif que vous avez
recommencé et qu'à leur tour nos amis Silvain
et Truffier, encouragés par votre succès, ont
abordé, et fort brillamment, ce nouvel emploi...

Nous étions tous ce soir-là heureux de
votre réussite. « Comment, demandait l'un,
Cadet, monologuiste accompli, peut-il ainsi,
sans transition, passer du comique au grave

et changer de genre? — C'est que Cadet
croit toujours que « c'est arrivé, » reprenait
l'autre.

Cet autre disait juste. D'aucuns vous raillent lorsqu'ils vous voient, derrière un portant
de théâtre, suivre un débutant qui aborde un
rôle que vous avez débité vous-même des centaines de fois. Laissez-les sourire, Cadet... Un
des plus charmants écrivains de ce temps,
Maurice Donnay, fustigeant un critique qui
l'avait injustement malmené, s'écriait : « Vous
n'aimez plus le théâtre, monsieur. Au fond,
l'avez-vous jamais aimé? Vous vous asseyez
dans votre fauteuil, vous écoutez la pièce d'un
air fatigué, comme si vous aviez pitié de celui
qui l'a écrite et de ceux qui l'interprètent. Parfois, lorsqu'un mot porte, vous haussez les
épaules; de temps à autre, vous daignez approuver, jamais applaudir. Le plus souvent
vous lorgnez ici et là, et, l'entr'acte bienfaiteur
venu, vous vous précipitez dans les couloirs et
vous débinez, vous blaguez, sans vous rendre
compte de l'effort... » Et Maurice Donnay —
cet article était un petit chef-d'œuvre — ajoutait que ce prétendu homme de théâtre a sa
petite réputation, que si l'on n'y prend garde il
fera école, et que, tout bien pesé, nous devons
regretter la franchise parfois bourrue de
l'Oncle...

Eh bien! mon cher Cadet, Maurice Donnay marquait ainsi, d'un trait décisif, la différence qui existe entre les deux écoles; vous appartenez, vous, à l'ancienne et vous n'en rougissez pas, ce qui double votre mérite.

Ah! comme votre sincérité ardente nous console de la veulerie de ces mécontents qui traînent partout leur ennui et le répandent autour d'eux! Ceux-là insinuent que du 1ᵉʳ janvier au 31 décembre, du matin au soir, sans répit, en province, à l'étranger, vous jouez la comédie. Ils vous reprochent d'accumuler les représentations et les voyages. Se doutent-ils seulement que ce succès, qui vous suit depuis tantôt quarante ans, n'est pas dû au seul talent du débitant de monologues? Savent-ils que sur les affiches de la province et de l'étranger vous ne manquez jamais d'inscrire Molière, Regnard, Beaumarchais et que vous allez porter là-bas, bien loin, le rayon de France?

Non! nous ne vous assimilons pas à ces comédiens qui exploitent une pièce, et qui, après qu'ils l'ont promenée à travers les deux mondes, s'imaginent qu'ils ont vulgarisé notre théâtre... Ah! c'est qu'il est si aisé — là est l'écueil de vos tournées et de toutes les tournées de théâtre — de créer cette confusion! Le pauvre comédien Hirch, mort tristement il y a quelques années, me racontait que, durant dix-huit mois, il avait, tous les soirs, dans des villes différentes, tenu le même rôle; il me disait, le malheureux, qu'à ce dur métier il avait laissé et sa santé et son talent, et que plus jamais il ne recommencerait, même à prix d'or, une pareille épreuve.

Vous comprenez autrement votre tâche, et hors Paris comme à Paris, vous restez fidèle au répertoire classique : vous êtes un de ses apôtres, un de ses grands prêtres, répètent malicieusement les bons petits camarades... Toujours et partout, ce diable de Molière vous suit et vous surveille. Vous savez bien que le bon Molière a épuisé tous les sujets de pièces; vous savez bien que la lutte des enfants amoureux contre les pères se refusant à approuver leur mariage constitue non seulement le sujet comique par excellence, mais aussi celui de la plupart des comédies du dix-huitième et des trois quarts des comédies de notre temps... Vous savez bien que le drame de l'argent, autrement dit le drame social, est là en germe... Les admirables *Corbeaux* de Becque ne sont-ils donc pas de toutes les époques? Balzac n'avait-il pas, avant Becque, donné *Mercadet,* et le *Turcaret,* de Le Sage, n'était-il pas déjà la vraie comédie de l'argent? Vous êtes Mascarille des *Précieuses,* vous êtes Harpagon, Mascarille, Argan, Arnolphe, vous êtes même Tartufe, et vous ne renoncez pas pour cela à Scapin, rôle de vos débuts.

Je me rappelle qu'un soir, il y a bien des années, vous nous racontiez pourquoi vous éprouviez un particulier plaisir à reprendre ce rôle de Scapin.

— Nous avons toujours un faible, disiez-vous, pour les rôles auxquels nous devons nos premiers succès. J'ai joué Scapin à l'Odéon : je sortais alors du Conservatoire, mon premier prix sous le bras, et j'entrais au théâtre de M. Duquesnel. J'ai interprété ensuite Scapin à la Comédie, avant ma fugue aux Variétés où je jouais *la Guigne* — me l'a-t-on assez reprochée, cette *Guigne!* — et où j'étais aussi, aux côtés de Baron, superbe Vésinet, le Fadinard du *Chapeau de paille d'Italie*. J'ai repris le même Scapin lors de mon retour à la Comédie, la veille même du jour où j'étais nommé sociétaire...

M. Jules Lemaître était là tandis que vous racontiez votre histoire : il vous répondit en vous commentant — vous vous en souvenez, Cadet! — la figure de Scapin. Il vous prouva que Scapin reste le grand-père de Figaro et qu'il est le premier personnage comique, le plus considérable qui soit sorti de l'imagination populaire à l'origine du théâtre. Il affirmait — je crois bien qu'il consacra plus tard un magis-

tral article aux *Fourberies* — que Scapin représente à lui seul la revanche du faible contre le
fort et éveille, rien que par son costume, des
idées joyeuses, de jolis rêves et de lointaines
aventures...

Ah! que tout le personnage de Molière était
délicieusement disséqué, et quelle leçon auraient trouvée là tous ceux qui professent le
dédain du grand répertoire!

Vous avez d'ailleurs été plus loin, Cadet...
M. Jules Claretie a, sur votre demande, annexé
au répertoire *le Voyage de Monsieur Perrichon*,
et, toutes les fois qu'on affiche la célèbre comédie de Labiche, la salle est comble... Vous
aviez prévu certaines objections, car vous êtes
trop avisé pour ne pas savoir qu'on médit volontiers du doux Labiche, qui, suivant vos fa-
rouches adversaires, est passé de mode : ils l'ont
admiré autrefois, quand ils étaient petits : ils
ont joué, comme nous tous, dans les salons, *la
Poudre aux Yeux* et *la Grammaire*, chefs-d'œuvre
de la comédie de société; puis, peu à peu, ils
se sont aperçu que ce théâtre manque de femmes
et est surtout fait pour les collégiens, les rhu-
matisants et ceux qui adorent le théâtre du vieux
Dumas. Labiche et Dumas père au rancart, aux
oubliettes!... Mais tous ces mauvais arguments
vous importaient peu... Vous avez endossé la
bourgeoise redingote de Perrichon. Vous comp-

tez un bon rôle de plus, et voilà Labiche triomphalement réinstallé au répertoire de la Comédie.

Est-ce à dire que votre amour pour le répertoire et les pièces qu'on dit démodées vous interdit d'être Poirier, Noël, de *la Joie fait peur,*
Destournelles, de *Mademoiselle de La Seiglière,*
Aristide Fressart, du *Fils naturel,* et de jouer
Capus, Donnay et nombre de rôles modernes?
Non, certes! Considérez pourtant comme tout
change. Autrefois, on louait surtout votre modernisme, on vous savait gré de mettre en relief
des silhouettes de second plan et d'en faire des
types : s'est-on assez extasié sur votre pianiste
du *Sphinx* et sur votre Alsacien de *l'Ami Fritz!*
Vous étiez alors, pour tous, un comédien essentiellement moderne, et Perrin prenait soin
de vous confiner dans les seconds comiques : il
eût frémi si vous aviez réclamé le rôle d'Argan,
qui aujourd'hui est parmi vos meilleurs...
M. Jules Claretie, plus juste, vous a enfin
donné la place, et la place importante qui vous
est due : il vous a sorti des seconds comiques
et n'a pas craint de vous distribuer — excusez
les termes techniques — les manteaux et les
ventres dorés.

Laissez donc faire, ô Cadet, et ne vous préoccupez pas des méchants querelleurs. Vous ouvrez la bouche, vous entrez en scène et le public

est en joie : tout s'éveille, tout s'anime, tout
rit. L'Oncle qui vous chicanait bien un peu
parfois, mais qui estimait infiniment votre
talent, répétait :

— Cadet est un croyant, et, sans la foi, sans
la conviction, il n'y a pas de théâtre. Voilà
pourquoi nous aimons tant Cadet!

Tenons-nous-en, mon cher ami, aux vieilles
et sages formules. Disons-nous bien que la
bonne humeur n'appartient qu'aux seules braves
gens... Gardons-la précieusement, Cadet...
C'est une force, et une force contre laquelle
rien ne peut...

Octobre 1906.

Le Retour...

A Madame Sarah Bernhardt.

Mme Sarah Bernhardt va, dans quelques jours, faire sa rentrée après une longue absence et connaître cette exquise et indéfinissable joie du Retour. Revenue à Paris en juin, elle partait bien vite pour la Bretagne où elle prenait quelques semaines de repos. Un repos à sa manière... Sa journée se passait à préparer le programme de l'hiver, à télégraphier à ses auteurs, à correspondre avec ses artistes, à surveiller les plus petits détails. Comme toujours, elle était l'âme de son théâtre.

L'autre soir, sur la demande de MM. Massenet et Catulle Mendès, elle était venue à l'Opéra où on répétait d'ensemble *Ariane* : je dis d'ensemble, car il y a maintenant, dans la plupart de nos théâtres, deux ou trois séries de répétitions générales, et cela sans doute pour donner satisfaction à certains auteurs qui réclamaient jadis la suppression de la dernière répétition... Suivant l'usage, nous étions d'abord une vingtaine de privilégiés admis à applaudir l'œuvre nouvelle et, vers onze heures, la salle se remplissait : un peu plus, on eût refusé du monde.

Mme Sarah Bernhardt voulait se rendre compte des effets de lumière, des trucs de machinerie et ne pas perdre une note d'*Ariane;* elle s'était installée au milieu de l'orchestre et j'avais l'honneur d'être son voisin. Aux entr'actes, on s'empressait autour d'elle : chacun présentait les traditionnels souhaits de retour, et à chacun elle s'appliquait à répondre par un mot gentil, cordial et juste... Elle continuait ainsi à mettre en pratique une des maximes favorites de l'auteur de *la Dame aux Camélias.*

— L'important, disait Dumas, pour nous autres gens de théâtre, auteurs ou interprètes, c'est de se mettre au diapason, c'est de savoir à qui l'on parle. Le diapason est une force essentielle... Vous ne devez pas tenir le même langage à celui-ci qu'à celui-là. Un artiste de café-concert exige, bien entendu, d'autres égards qu'un académicien !

Rien de plus vrai que cet apparent paradoxe, et croyez bien que si tous les artistes, grands et petits, femmes et hommes, professent pour Mme Sarah Bernhardt un culte qui va jusqu'à l'adoration, ce n'est pas seulement parce qu'elle honore au plus haut point l'art dramatique, c'est aussi parce qu'elle possède cette science du diapason, c'est parce qu'elle a constamment et excellemment suivi le judicieux avis de Dumas. L'habitude qu'elle a d'être aimable, la joie qu'elle éprouve à rendre service, sont devenus chez elle deux vertus maîtresses, deux dons qu'elle a fait siens.

Nous l'avons donc retrouvée telle que nous l'avions quittée il y a tantôt deux ans : avenante, souriante, gaie, au courant de tout. Ses impressions sur le bel ouvrage de MM. Massenet et Mendès étaient d'une délicieuse fraîcheur : ses moindres remarques dénotaient une véritable musicienne.

La répétition terminée, je regagnais paisiblement mon domicile, et je rassemblais mes souvenirs lorsqu'un autre mot de Dumas me revint à la mémoire.

— Dans les grandes circonstances on devrait toujours avoir un sténographe attaché à sa personne. Comme il serait piquant de retrouver, à vingt années de distance, toutes vivantes et toutes chaudes, les conversations d'autrefois !

Jamais, à mon tour, je ne compris mieux que la thèse du sténographe vaut celle du diapason. Faute de sténographe, je contai, dès le lendemain, l'histoire de ma répétition d'*Ariane* à une comédienne illustre elle aussi, qui voyage beaucoup et qui, comme Sarah Bernhardt, connaît la joie du Retour.

— Hélas! me répondit-elle, le malheur est qu'il y a ici un éternel malentendu. Vous êtes, vous, de ceux qui pensent qu'il faut distinguer les tournées et ne pas nous confondre nous, comédiens associés, sérieux et tâchant de vulgariser notre théâtre, avec les troupes recrutées on ne sait où, et trop souvent laissées en plan par des impresarii peu délicats. Vous ne savez certainement pas à Paris l'effet des représentations de nos artistes français à l'étranger et de celles de Sarah Bernhardt en particulier : vous ne savez surtout pas l'action qu'elles exercent et la prodigieuse répercussion qu'elles ont. Certains de nos camarades ont vu cela de très près et pourraient vous l'attester... Il y a nombre d'années, quand les représentations à l'étranger commençaient, alors que Sarah Bernhardt quittait la Comédie-Française, les uns prétendaient que c'en était fini de nos théâtres et de nos comédiens; les autres proclamaient qu'un artiste en représentations à l'étranger est comme un pionnier qui s'en va défendre les frontières de l'esprit français. On railla l'auteur de ces lignes, on le railla surtout, lui, écrivain impeccable, d'avoir invoqué « les frontières de l'esprit français... » Eh bien! on avait tort; c'était lui

qui voyait vrai en affirmant que Sarah Bernhardt
— vous aimez à reprendre ce mot — portait là-
bas, bien loin, un rayon de France. J'ai moi
aussi tâté de ces voyages et je vous affirme qu'à
Sarah Bernhardt revient l'honneur d'avoir fait
entendre hors de France la bonne parole.
Elle nous a, à nous autres qui sommes venus
après elle, frayé la voie : la première de tous
et de toutes elle a été la vulgarisatrice de
notre théâtre français... Non! croyez-moi, nous
ne saurons jamais assez tout ce que nous lui
devons, auteurs et interprètes... Quand on
songe que depuis des mois on annonce, *urbi
et orbi,* qu'elle va enfin recevoir la solennelle
récompense à laquelle elle a droit! Rappelez-vous
l'éclatante manifestation organisée en son honneur il y a dix ans!... Quelle journée! Les écrivains, les artistes, s'étaient groupés autour
d'elle et jamais représentation ne fut plus belle.
Je ne demande pas qu'on recommence cette
journée : Sarah Bernhardt la première — je la
connais — s'y opposerait... N'y aurait-il pas
tout de même un moyen de vaincre certaines
résistances inexplicables? N'y aurait-il pas un
moyen de montrer à ces intransigeants, que
l'unanimité est absolue et qu'ils vont contre
l'opinion elle-même?

J'ai rapporté, le plus fidèlement possible, les
paroles de mon aimable interlocutrice : je re-

grette seulement qu'elle m'ait prié de taire son nom et qu'elle n'ait pas écrit tout ce qu'elle pense si bien.

Oui, l'unanimité est complète. On a dit et redit que Mme Sarah Bernhardt met dans ses rôles toute son âme, toute son intelligence, tout son cœur; qu'elle fait ce que nul ne fit avant elle, et qu'elle est plus vivante, à elle seule, qu'un millier d'autres créatures humaines. Tout cela est juste, irréfutable.

M. Victorien Sardou expliquait récemment devant moi que Mme Sarah Bernardt ne peut-être comparée à aucune de ses devancières, par la raison qu'elle est à la fois classique, romantique et moderne, qu'elle idéalise tour à tour les héroïnes de Racine, de Corneille, de Shakespeare, de Victor Hugo, de Musset, de Dumas.

M. Sardou parlait d'abondance avec cette verve, cet esprit et ce charme qui font notre admiration. La Ristori, Rachel, Dorval, Desclée, Fargueil défilaient devant nous : il nous découvrait le génie de chacune; bref, on jouait au petit jeu des comparaisons, et comme l'un de nous se plaignait que M. Sardou eût, par modestie, négligé *la Tosca*, *Fédora* et *Théodora*...

— Là aussi, je le sais mieux que vous, répondait-il, Sarah a été unique! J'ai vu bien des comédiennes... J'ai fait répéter des comédies, des drames, des mélos, des vaudevilles, des opéras, des opéras-comiques, des opérettes et des féeries, et jamais, vous entendez bien, jamais je n'ai connu une artiste de cette trempe-là.

Un tel certificat méritait d'être enregistré... Je n'y ajouterai pas un seul mot : je craindrais de diminuer l'importance de cet hommage...

Novembre 1906.

Le Bon Théâtre

M. Victorien Sardou triomphe de nouveau, et *Nos Bons Villageois,* qui ont quarante ans bien sonnés, se portent à ravir.

Quand je pense — ô erreurs de jeunesse! — que j'ai naguère, en mon hebdomadaire rez-de-chaussée, pesté contre ce séduisant théâtre, ne me doutant pas que M. Sardou est bien plus et même bien mieux qu'un auteur dramatique, puisqu'il est le Théâtre même.

On vient de le redire à propos de *Nos Bons Villageois :* un manuscrit composé d'actes et de scènes n'existe pas pour M. Sardou : la pièce, c'est la représentation, c'est le spectacle. Au moment où il pense son ouvrage, où il le conçoit, où il le crée, il le voit joué; il se rend compte des gestes de celui-ci et des mouvements de celle-là : d'avance il sait comment sera placé le décor du « deux » et pourquoi, au « quatre », son héroïne endossera une robe grise et non une robe noire : le décor, le costume, les couleurs, les groupements des personnages et des foules, tous ces éléments prétendus secondaires constituent, chez lui, la pièce même : la conception ne va pas sans l'exécution, ou, pour parler exactement, sans la mise en scène.

Avoir vu M. Sardou, installé dans un guignol de théâtre, indiquer une à une toutes les inflexions, ainsi que tous les temps, toutes les passades, l'avoir vu tenir tous les rôles, donner toutes les répliques, et jeter, cinq heures durant, tant de mouvement et de vie autour de lui, est un spectacle rare : une leçon comme celle-là est unique : on est ravi, on est dompté, on ne conçoit plus alors le théâtre que suivant la formule chère à M. Sardou. On en arrive à cette conclusion qu'une pièce, quelle qu'elle soit, est une charade, que l'ingéniosité, la verve et la fertilité d'invention sont les qualités souveraines du dramaturge et que, sans cet art particulier de faire rebondir les situations et les personnages, il n'est pas de vrai théâtre... Lorsque, ensuite, on a la joie d'entendre M. Sardou développer ces théories qu'il continue à mettre si excellemment en pratique, il devient impossible de ne pas professer la plus complète admiration pour cet incomparable magicien...

J'entendais dire, l'autre soir, à la Gaîté, que ce nouveau succès de *Nos Bons Villageois* est une revanche : une revanche non pour la pièce qui, dès le premier jour, réussit brillamment et eut souvent l'honneur de la reprise, mais une revanche pour le Théâtre propre, pour le bon Théâtre...

— Le théâtre propre, murmurait, un peu piqué, un jeune auteur de talent qui écoutait les doléances de son aîné... Vous allez trop loin !

— C'est possible, reprenait l'ancien... Mais, si j'exagère, à qui donc la faute? A vous qui ne voulez plus rien écouter... Le revirement est inévitable, et c'est vous qui le préparez en ne distinguant pas la brutalité de la force, et en accumulant les polissonneries et les gros mots. Je ne vous demande pas que toutes les pièces soient faites pour être vues en famille, et je n'ai pas la prétention de transformer le théâtre en école de morale. Je soutiens que vous passez la mesure... Vous verrez d'ailleurs, et peut-être moi qui vous parle et suis déjà vieux, je contemplerai cette petite révolution théâtrale... Elle est dans l'air !...

Je suivais cet instructif dialogue et je remarquais qu'il y a quelque temps M. Emmanuel

Arène, avec sa parfaite connaissance des choses et des gens de théâtre, jetait ce même cri d'alarme et offrait à certains de nos directeurs des avis fort sages. D'autres critiques suivent M. Emmanuel Arène et signalent le danger : M. Émile Faguet, M. Adolphe Brisson ; et, hier encore, M. René Blum, en un fort judicieux article qu'il intitule « le Théâtre obscène », combat les tendances nouvelles et prétend que si *les Passagères* et *Miquette* sont infiniment appréciées, ce n'est pas seulement parce que ce sont de fort jolies comédies, c'est aussi parce que M. Alfred Capus et MM. Robert de Flers et G.-A. de Caillavet savent ne pas choquer le bon goût du spectateur. De même pour *Nos Bons Villageois,* à la Gaîté.

Le théâtre propre, le bon théâtre, le goût du public... Les termes varient, mais au fond tous sont d'accord et le résultat est que le critique se trouve singulièrement embarrassé quand il doit raconter la pièce obscène qu'il a entendue. La brave maman — elle aime toujours le théâtre, elle ! — hésite à demander à son fils de l'accompagner au spectacle... Et cela, n'en doutons pas, est un assez triste signe du temps.

Que mes lecteurs me permettent de le leur rappeler : je me suis bien gardé, et pour cause, de prendre parti pour ou contre la Censure ;

j'ai moi-même, il y a longtemps déjà, appartenu
à l'inspection des théâtres; j'ai tenu les fameux
ciseaux durant sept années et j'ai raconté ici
comment la Censure fonctionnait et par qui
elle était exercée : je citai quelques faits et
j'ajoutai que Dumas, après avoir eu maille à
partir avec elle (relisez les superbes préfaces du
Demi-Monde et de *la Dame aux Camélias*), devint,
à l'exemple de beaucoup d'autres, un de ses
partisans : en un mot, je cherchai à démontrer
que la Censure, telle que je la connus, ne pouvait rien contre le geste de l'acteur. Combien
de fois, en effet, au café-concert, un compère
de revue nous promit de ne pas débiter un couplet prudemment interdit et de ne pas se livrer
à une mimique trop excessive, et combien de
fois, sans tenir aucun compte de l'engagement
pris, le brave compère, désireux de produire
deux effets au lieu d'un, fut surpris, dès la seconde représentation, en flagrant délit et mis à
l'amende par son directeur pour avoir enfreint
la consigne! L'histoire de Suzanne Lagier est
topique...

Suzanne Lagier chantait à l'Eldorado et s'appliquait surtout à chanter des couplets non
visés : elle avait fait installer, à ses frais, une
sonnette entre la scène et la salle; cette sonnette, dont un préposé spécial, également payé
par elle, avait la garde, devait l'aviser de l'en-

trée d'un censeur à l'Eldorado. Un soir, un soir tragique, la sonnette fit des siennes : elle se détraqua et un censeur était là, assistant tranquillement à la représentation ; Suzanne Lagier, ignorant cette redoutable présence, chantait les refrains les plus abracadabrants : elle les bissait et allait les trisser, quand elle aperçut l'honorable fonctionnaire... Affolée, elle prit un parti héroïque : elle se trouva mal et tomba en scène... Le public cria au secours, on baissa le rideau, la représentation fut interrompue, et le censeur, ému par ce spectacle improvisé, ne souffla mot. Le tour était joué et bien joué...

Le pauvre Libert, le créateur de *l'Amant d'Amanda*, renouvela la scène quelques années plus tard, et c'était moi qui remplissais alors le rôle du censeur. Il fredonnait un couplet interdit d'une chanson à tiroir : *Il n'a pas d'Panama !* J'arrivai brusquement (la sonnette de Suzanne Lagier avait alors disparu) et ma venue provoqua chez lui un malaise subit — le même malaise que Suzanne Lagier parbleu ! — qui le contraignit à sortir de scène. J'allai immédiatement prendre des nouvelles de Libert : il m'avoua la vérité, il se confondit en excuses et ne recommença plus.

J'ignore si mes successeurs passèrent par ces exquises émotions... Ce que j'affirme, c'est qu'en ce temps-là nous étions quatre, pas davantage, quatre censeurs chargés de surveiller tous les théâtres et les concerts de Paris... Pouvions-nous vraiment, chaque soir, exécuter notre ronde dans les cent et quelques concerts de la capitale et constater *de visu* qu'une chanson interdite par nous était chantée malgré nous? C'étaient les gardiens de la paix, délégués par le commissaire de police du quartier, qui devaient veiller à la stricte exécution de nos décisions : ils n'y pouvaient suffire, et un mazagran offert par la caissière du concert les poussait à l'indulgence...

En réalité, le spectateur jugeait ce qu'il entendait et croyait autorisé ou expurgé... Qu'aurait-il dit s'il avait eu connaissance des chansons interdites qui se cachaient au fond des cartons de l'Inspection des théâtres? Elles lui en auraient appris de raides, ces archives-là !

Voilà pour le concert. Quant au théâtre, il n'est pas exact d'affirmer que les résolutions étaient dictées par l'arbitraire. Les ouvrages ayant un caractère politique étaient l'objet d'un rapport détaillé et la décision partait de plus haut. M. René Blum souhaite que la Censure soit confiée à un triumvirat composé, par exemple, de MM. Sardou, Halévy et Henry Roujon. Peste, comme il y va ! Je pense parbleu bien que ses arrêts seraient indiscutables...

Mais mon distingué confrère oublie-t-il que l'un de ces triumvirs fut naguère le chef de la Censure?... Toutes porportions gardées, la bonne Dame est un peu comme la Critique, que nombre d'auteurs trouvent injuste et rendent responsable de leurs échecs : elle n'a jamais empêché une belle œuvre d'être représentée, et, quels qu'aient été les méfaits dont on l'ait accusée, elle n'avait rien à voir avec cette Censure gênante et hargneuse qui sévit sous l'Empire.

Pauvre Censure, où je passai les plus charmantes années de ma jeunesse! On l'a abreuvée d'injures, on l'a bafouée, on l'a maudite, on l'a calomniée, et maintenant qu'elle n'est plus, on la réclame!... C'est l'éternelle histoire qui recommence...

Notre maître et ami Henry Fouquier, qui fut secrétaire général de préfecture, préfet, directeur de la presse à l'intérieur, me disait un jour :

— J'ai plusieurs rêves... Je voudrais être directeur du Théâtre-Français, ou bien préfet de police, ou bien encore, je vais vous étonner, censeur!...

Fouquier, délicieux psychologue et parfait homme de lettres, tenant les ciseaux d'Anastasie!... Qui l'eût cru?...

Aujourd'hui, après Fouquier, et sans avoir les mêmes visées que lui, les maîtres de la cri-

tique déclarent la guerre aux grots mots et
veulent qu'on rende au Bon Théâtre la première place. Ils servent ainsi la cause du public,
celle des directeurs et aussi celle des auteurs...

Il faut les écouter et les suivre...

De *Brignol* aux *Passagères*

C'est il y a douze ans — le 24 novembre 1894 — que M. Alfred Capus ressentit la douce joie de voir son nom inscrit pour la première fois sur une affiche de théâtre. MM. Porel et Carré, directeurs du Vaudeville, avaient organisé deux fois par semaine des soirées d'abonnements. M. Alfred Capus, qui avait dans le roman donné des preuves d'un rare talent d'observation, savait que sa première œuvre dramatique, *Brignol et sa fille,* ne pourrait être jouée qu'une demi-douzaine de fois au Vaudeville et lui rapporterait plus d'honneur que de profit : il n'en accepta pas moins et des deux mains l'offre de MM. Porel et Carré. Être joué, c'était l'essentiel. La pièce fut distribuée aux premiers artistes du théâtre : le rôle de Brignol fut confié à M. Lérand, qui venait de l'Ambigu et que nous avions naguère, en compagnie de l'Oncle, de Raoul Toché et de notre ami Edmond

Stoullig, découvert aux Bouffes-du-Nord. M. Lérand avait à ses côtés M. Dieudonné, un des artistes favoris du théâtre de la Chaussée-d'Antin ; M. Lagrange, comédien si adroit et si sûr, — l'école du théâtre Michel, parbleu ! — et le joyeux Torin, qui s'était, au Gymnase, affirmé comédien original sous les traits du potache de la jolie *Famille* de M. Auguste Germain, et cherchait sa voie. Les deux rôles de femmes avaient pour interprètes Mme Marie Samary et Mlle Marie Leconte. Je l'avais, je vous l'ai dit, remarquée, l'année précédente, au théâtre de Contrexéville où, sous l'intelligente direction de M. et Mme Aurèle, elle jouait tous les rôles... A Paris, nous l'avions entrevue ; une reprise des *Deux Orphelines* lui avait valu beaucoup de succès, mais elle avait de plus hautes ambitions : elle voulait devenir une vraie comédienne. Nous autres, les buveurs d'eau de Contrexéville, qui l'applaudissions chaque soir, nous étions certains de son avenir et sa création de *Brignol* ne nous surprit nullement. Il semblait, en effet, impossible de comprendre et de nuancer de plus délicate manière « l'amoureuse » de M. Capus : elle en avait la grâce, la mélancolie et le sourire. Il y avait, au deuxième acte de *Brignol,* une scène, — un bijou ! — où la jeune fille expose à ses parents ses vues sur le mariage.

— J'aimerais mieux, dit-elle, vivre dans la misère que de gagner mon mari comme un gros lot à la loterie. J'aimerais mieux être actrice!...

Être actrice! Elle lançait le mot sur un ton du plus étonnant effet.

— Voyez-vous, mon ami, me disait Sarcey, une artiste qui a de ces trouvailles-là est une vraie comédienne, et ce sera une très grande comédienne que notre « petite Leconte ».

Brignol était repris il y a six ans à l'Odéon, et le rôle de Cécile servait de début à Mlle Piérat. Elle aussi était alors « la petite Piérat », et nous songions, en l'applaudissant, à sa jeune maman, « la petite Panot », qui, sur cette même scène, avait si joliment joué la *Claudie* de George Sand. La « petite Panot » arrivait, suivant l'usage, du Conservatoire : elle y avait gagné un prix dans *Valérie*. Pauvre *Valérie* de Scribe, pauvre aveugle qui n'aurait jamais recouvré la vue sans « la petite Panot », élève de Got! Eh oui! élève de Got... Et moi, qui vous livre aujourd'hui quelque peu épars ces souvenirs, je suivais ponctuellement les cours du doyen de la Comédie et ceux de ses collègues Delaunay, Worms et Maubant... L'enseignement dramatique ne fut jamais meilleur, je vous en réponds...

Le rôle de Cécile Brignol, comme vous

voyez, portait bonheur — déjà la Veine! — à ses deux interprètes : celle du Vaudeville et celle de l'Odéon. Quant à la pièce, elle fut, suivant les conventions, représentée devant les seuls abonnés, qui y prirent un plaisir extrême : elle était précédée des *Vieilles Chansons 1830* que Mlle Auguez et M. Cooper remettaient à la mode.

* *
* *

Vous savez le chemin rapide, prodigieux, que parcourut, depuis *Brignol,* M. Capus. Après *Brignol* au Vaudeville, *Rosine* au Gymnase, *Rosine* représentée en plein été et sans aucune chance de succès matériel : la pièce nous enchanta...

Du Vaudeville et du Gymnase, M. Capus passa aux Nouveautés. Le directeur de ce théâtre, M. Micheau, avait fait fortune avec les amusants, les abracadabrants et si bien ordonnés vaudevilles de M. Georges Feydeau : il voulait — l'ingrat! — changer de genre et s'offrir le luxe de présenter à son public des comédies. Il se souvenait qu'il avait ouvert les portes de son théâtre à *Innocent,* une pièce très amusante, signée de M. Capus et de notre regretté Alphonse Allais. Une pièce assez mal bâtie, à coup sûr, mais une pièce pleine de scènes d'une éblouissante fantaisie. Il rappela donc M. Capus qui lui apporta d'abord les spirituelles *Petites Folles* si joliment représentées par Marcelle Lender et Jeanne Demarsy; ensuite *les Maris de Léontine,* une façon de chef-d'œuvre qu'on joue couramment en province et à l'étranger.

Il était bien naturel qu'après ces deux succès M. Micheau retînt M. Alfred Capus par tous les moyens possibles. Hélas! de même que le directeur des Nouveautés avait guetté M. Capus à la sortie du Gymnase, de même M. Samuel veillait... Les Nouveautés possédaient une troupe d'ensemble supérieure : MM. Noblet, Torin, Germain, Colombey; Mmes Marcelle Lender, Armande Cassive. Les Variétés, de leur côté, avaient Jeanne Granier, Marie Magnier, Ève Lavallière; MM. Baron, Brasseur, Guy, Prince. Pour quelle raison *la Bourse ou la vie* se réfugia-t-elle au Gymnase? C'est là un de ces impénétrables mystères de théâtre qu'il ne faut pas chercher à éclaircir... On annonce la mise en répétitions d'une pièce, et, le lendemain, elle se répète sur une autre scène...

Considérez pourtant comme le Hasard s'ac-

quitte parfois de sa tâche! Un des héros de
M. Capus s'exprime ainsi : « Je trouve qu'aujourd'hui le Hasard est tellement notre maître,
et notre maître absolu, tellement plus fort que
nous, que c'est une folie de le contrarier. Tout
projet que l'on fait est comme un défi qu'on lui
adresse, et alors, gare à nous! Laissons-nous
donc conduire par lui... »

Eh bien! c'est précisément ce Hasard, ce
bienfaisant et capricieux Hasard, qui éloigna *la
Bourse ou la Vie* des Variétés et y conduisit *la
Veine*. Dites maintenant que M. Capus a tort
de répéter le plus tranquillement du monde :
« Tout s'arrange! » Jugez-en...

On répétait généralement, aux Variétés, une
comédie qui, malgré une interprétation excellente, tomba. L'écueil c'est que, comme on
comptait sur un succès, on n'avait pas un seul
ouvrage prêt... Par bonheur, — encore la
Veine! — un ami personnel de MM. Capus et
Samuel assistait à cette répétition; M. Samuel
lui demanda s'il ne connaissait pas une pièce
pouvant le tirer d'embarras. L'ami répondit
que M. Capus avait à la Comédie-Française une
comédie dont on était enchanté; il eut soin de
faire remarquer que, par suite de l'incendie du
théâtre, les ouvrages nouveaux attendraient
longtemps leur tour. Là était, en effet, le point
délicat de la question, et vous devinez que

M. Samuel, qui avait laissé échapper *la Bourse
ou la Vie,* méditait une revanche. Elle se présentait immédiate, éclatante, et il faut lui rendre
cette justice qu'il se montra stratégiste supérieur et trouva en sa pensionnaire Jeanne Granier une collaboratrice digne de lui.

Il s'agissait de procéder par ordre et d'aller
vite. Il fallait d'abord persuader à M. Capus
qu'il avait tout intérêt à être joué sur l'heure
aux Variétés : il fallait ensuite vaincre les résistances bien légitimes de l'administrateur général de la Comédie-Française et lui prouver que
cette pièce convenait mieux à la petite scène
des Variétés qu'au vaste cadre de la maison de Molière. Comment le directeur des
Variétés et Mme Jeanne Granier, qui ne connaissaient pas un mot de l'ouvrage dont ils se
faisaient les éloquents avocats, vinrent-ils à
bout de tant d'obstacles? Comment le lendemain — oui, le lendemain, vous entendez
bien! — *la Veine* sortait-elle des cartons de la
Comédie? Comment était-elle lue, distribuée et
inscrite au tableau des répétitions des Variétés?
Comment M. Guitry accepta-t-il de monter lui-
même *la Veine* et d'en jouer le principal rôle?
Ce sont là, je vous le redis, de ces stupéfiants
mystères de théâtre que nous ne pouvons ni ne
devons expliquer. *La Veine* alla aux nues et, le
2 avril 1901, M. Alfred Capus prenait, sans

conteste possible, le premier rang parmi nos auteurs dramatiques.

Encouragé par un succès qui dépassa toute attente, M. Samuel commanda sur l'heure une nouvelle comédie à son auteur. M. Capus partit pour Vernou, ce ravissant coin de Touraine où, chaque année, durant six mois, il travaille loin du bruit, loin des importuns, ayant à ses côtés une compagne admirable et goûtant le plus complet bonheur. Il y passa l'été, et le 30 décembre 1901 (j'ai quelques raisons pour me souvenir de cette date heureuse), il lisait au directeur et aux artistes des Variétés sa comédie nouvelle : *les Deux Écoles*. Où avait lieu cette lecture? Chez l'ami même (M. Capus est fétichard!) qui, quelques mois auparavant, avait révélé à M. Samuel l'endroit béni où reposait le fameux manuscrit de *la Veine*. Et voilà comme, jouées à ravir, *les Deux Écoles* eurent le même succès que leur aînée *la Veine*.

Une nouvelle visite venait d'être rendue par M. Capus aux Nouveautés avec la *Petite Fonctionnaire*, trois fois centenaire, lorsque M. Guitry prit la direction de la Renaissance. Naturellement, l'auteur donna à son interprète favori la pièce d'ouverture, *la Châtelaine*, merveilleusement jouée par Mme Jane Hading, qui trouva là un de ses meilleurs rôles. La série continua par *l'Adversaire*, en collaboration avec Emmanuel Arène, *Monsieur Piégois* et les triomphantes *Passagères*. *Notre Jeunesse* à la Comédie-Française et *l'Attentat* à la Gaîté sont deux infidélités que M. Capus fit à M. Guitry : elles sont déjà pardonnées.

⁂

On a souvent comparé le théâtre de M. Capus à celui d'Edmond Gondinet : on a remarqué que, comme *le Panache* et *le Voyage d'agrément*, *les Petites Folles* et *la Petite Fonctionnaire* valaient surtout par la cordialité et l'esprit.

Assurément, Edmond Gondinet était un dramaturge charmant : il connaissait tous les secrets de son art; il découpait merveilleusement une pièce : il excella dans la comédie de genre.

Reste à savoir où commence et où finit la comédie de genre. La comédie de genre, telle qu'on la concevait autrefois, — aujourd'hui elle n'existe plus guère, — avait ceci de particulier que nombre de scènes et de mots pouvaient, sans aucune espèce d'inconvénient, se détacher et se transporter d'une pièce à une autre : Edmond Gondinet était d'ailleurs le premier à railler l'inconsistance de ses aimables comédies...

— Une seule de mes pièces, disait-il modestement, est une comédie de caractères, et cette pièce est surtout de Labiche. C'est *Le plus heureux des trois*...

Les personnages de M. Capus, à l'inverse de ceux de Gondinet, parlent un langage qui leur est propre et donnent l'illusion de la vie. Ils font penser en même temps qu'ils font sourire : on les a vus gesticulant, papillotant, et ils ne perdent pas à passer de la scène au livre, et là est la supériorité de la comédie d'observation qui résiste au temps sur la comédie de genre, qui disparaît avec la mode.

— A Paris, s'écrie le déjà nommé Brignol, on dit de quelqu'un qu'il est un escroc, et ça ne prouve rien. Le mot n'a pas, à Paris, la même signification qu'en province... C'est un mot courant. Je ne connais personne de qui on ne l'ait pas dit !...

— De moi ! reprend le brave commandant Valpierre indigné.

— Parce que tu habites Poitiers ! conclut doucement Brignol.

Ne vous paraît-il pas qu'il y a là mieux que des mots et que de tels traits découvrent immédiatement les deux personnages?

Ce qui caractérise le théâtre de M. Capus,
c'est une simplicité extrême, c'est une observation attentive, soutenue, exempte de toute pé-
danterie, c'est une grâce discrète, c'est une
ironie toujours souriante, c'est une sensibilité
à peine perceptible mais certaine, c'est par-ci
par-là une petite pointe d'émotion qui poétise
ses moindres personnages...

Meilhac et Halévy ne procédaient pas autrement...

Novembre 1906.

Trente Ans d'Opéra-Comique

A Monsieur Lucien Fugère.

Vous aurez donc bientôt, mon cher Fugère, trente ans d'Opéra-Comique. Trente ans, chiffre fatidique pour vous aussi, vous, un des premiers artisans de cette OEuvre que vous avez conduite à la victoire et à laquelle vous avez rallié tant de vos camarades d'abord indécis.

Trente ans! Je vous revois, comme si c'était hier, débuter salle Favart, sous les traits de Jean, des *Noces de Jeannette;* votre partenaire était tantôt la très charmante Mlle Ducasse, aujourd'hui un excellent professeur de chant, tantôt l'aimable Mlle Donadio Fodor... Vous quittiez alors les Bouffes-Parisiens : vous y étiez resté deux ou trois ans, et aux côtés de Joly, du Joly des *Surprises du Divorce,* du délicieux Daubray de *la Jolie Parfumeuse,* de Paola Ma-

rié et de Peschard, de Laurence Grivot et de
son mari, d'Anna Judic et de Louise Théo,
vous vous étiez créé une place importante, ce
qui n'était pas commode. Ah! les exquises soirées de *Madame l'Archiduc*, de *la Créole*, de
Monsieur Choufleuri, de *la Princesse de Trébi-
zonde* et de *la Timbale d'argent!* Ah! ces matinées, si chères à nous autres les collégiens
d'alors, où vous chantiez, en compagnie de
Paola Marié, le duo de *Flûte enchantée* et le
Noël d'un jeune musicien qui donnait les plus
sérieuses espérances et se nommait Massenet...
Vous profitiez de vos vacances pour jouer en
une ville d'eaux, sous la direction du bon
Danbé, qui, quelques années plus tard, allait
être votre chef d'orchestre, tous les opéras-
comiques du répertoire. C'était votre façon de
vous préparer à l'Opéra-Comique.

Je ne parle ici que de ce que j'ai entendu :
j'ai ouï dire pourtant que votre apprentissage à
Ba-Ta-Clan vous valut les plus retentissants
succès. Vous travailliez ferme, et, comme tous
les Fugère, vous aidiez la petite famille à vivre.
Vous modeliez des figurines tout en chantant
d'une voix bien timbrée les refrains d'amour,
et peut-être seriez-vous aujourd'hui un des
maîtres de la statuaire si le vieux comédien Boutin n'avait tenu aux parents Fugère ce coura-
geux langage :

— Lucien sera un très grand artiste, ou j'y perdrai mon nom! Demain, il débutera à Ba-Ta-Clan : le directeur Pâris se charge de lui et en répond.

Le lendemain, en effet, Lucien, tremblant de peur, paraissait sur la scène de Ba-Ta-Clan, et, grâce à Pâris, monsieur Lucien — on vous appelait ainsi — devenait l'étoile du concert du boulevard Voltaire.

Je n'ai pas connu, mon cher Fugère, vos triomphes de Ba-Ta-Clan, mais le jour où je fus appelé à tenir les ciseaux de censeur et à surveiller les concerts, je fréquentai naturellement beaucoup les « cafés chantants ». Votre nom y était populaire ; on vous y adorait, et Renard, le directeur de l'Eldorado, qui terminait ses spectacles par des comédies-vaudevilles du répertoire, telles que *l'Homme n'est pas parfait*, *Brouillés depuis Wagram*, ne cessait de citer votre nom à Perrin, à Ducastel, à Gaillard.

— Vous n'avez pas connu Fugère, de l'Opéra-Comique? Nul n'a chanté et joué, nul ne chantera et ne jouera comme lui, ni même aussi bien que lui, *Madame Grégoire*, *le Bouffe et le Tailleur*, *Michel et Christine*...

Tandis que Renard pleurait votre départ, Sarcey recommandait aux jeunes élèves de déclamation du Conservatoire — aux élèves de déclamation, vous entendez! — de courir à l'Opéra-Comique toutes les fois qu'ils apercevraient votre nom sur l'affiche.

— Je ne connais pas un artiste plus parfait, reprenait Sarcey. Le chanteur et le comédien chez lui ne font qu'un... Son Bartholo est une merveille, un pur chef-d'œuvre de conception et d'exécution. C'est la chose la plus complète que j'ai vue au théâtre... Si Fugère n'était pensionnaire de l'Opéra-Comique, il serait sociétaire, et sociétaire à part entière de la Comédie-Française !

Ces sages paroles, mon cher Fugère, me revinrent à la mémoire, il y a sept années, et voici dans quelles circonstances.

Votre directeur, notre ami Albert Carré, vous avait proposé pour la croix, et le directeur des Beaux-Arts, M. Henry Roujon, s'était empressé de ratifier cette proposition : vous étiez le premier artiste de chant gratifié du ruban et tous se réjouissaient de cette méritée récompense. Les félicitations vous arrivaient en masse, et votre aimable femme avait sans doute déjà fleuri votre boutonnière quand, selon l'usage, on réclama un « supplément d'information ». Vous ne comptiez que vingt-trois années de services ! Par quel hasard un de vos meilleurs amis fut-il chargé de compléter votre biographie et de dresser ce supplément d'information ? Ce que je sais bien, c'est que cet ami se contenta d'ajouter à la notice ce simple *post-scriptum :* « S'il n'était pensionnaire de l'Opéra-Comique, il serait sociétaire de la Comédie-Française ! (Sarcey) »... Vous pensez que le *P.-S.,* bien qu'agrémenté du nom de Sarcey, fut jugé un peu irrévérencieux et non conforme aux usages administratifs... On raya le *P.-S.* : on le lut cependant et on vous décora.

Il n'en est pas moins vrai que l'Oncle, le premier, sous une forme indirecte, réclamait votre nomination de professeur au Conservatoire. Souvent — interrogez notre ami Charles Reynaud — il nous pria d'intervenir auprès de vous. D'autres vous ont, en ma présence, officiellement offert ce poste de professeur, et toujours vous avez répondu que votre service au théâtre ne vous permettait pas d'accepter d'aussi importantes fonctions.

L'objection, je l'avoue, est sérieuse. L'un ou l'autre et non l'un et l'autre, et il n'est pas douteux que le cas du chanteur ne peut être assimilé à celui du comédien. Got, Delaunay, Worms, Maubant professaient au Conservatoire, ce qui ne les empêchait nullement de répéter l'après-midi et de jouer le soir : aujourd'hui encore, tous les professeurs de déclamation du Conservatoire sont des sociétaires de la Comédie-Française en exercice. Mais vous avez raison, vous Fugère, de prétendre que le métier

— passez-moi le mot ! — de ténor ou de baryton n'a rien à voir avec celui de comédien. Ils sont rares, hélas ! et on les compte, les chanteurs ayant trente ans de carrière et pouvant fêter en plein talent, en pleine voix, en plein succès, leurs trente années de théâtre ! Combien durent renoncer à la scène parce que l'organe s'en était allé ! Combien aussi s'obligent à rester chez eux toute la journée, au coin du feu, quand ils doivent paraître le soir en public ! Les intempéries de la saison outragent furieusement les délicatesses de leurs voix, s'écrierait le Mascarille des… *Chanteurs ridicules.*

Vous faites, mon cher Fugère, exception à cette règle : vous refusez les honneurs du professorat et vous êtes fidèle à votre théâtre. Nous savons bien que vous seriez et que vous êtes un maître supérieur ; nous savons bien que pour les compositeurs modernes vous êtes une force essentielle, nécessaire, indispensable. Les anciens, les amoureux du répertoire, les habitués de l'ancienne salle Favart proclament que vous avez atteint l'idéal de la perfection dans Sganarelle du *Médecin,* Papageno de *la Flûte,* Capulet de *Roméo,* dans Girot et Cantarelli du *Pré aux Clercs,* et nul n'y contredit. Nous n'avons pas oublié non plus le superbe Leporello de *Don Juan,* que vous avez si magistralement campé en cette représentation, où Félia Litvinne chantait donna Anna, et Victor Maurel don Juan. Votre Figaro des *Noces* fut également délicieux et vous avez été le digne partenaire de Mme Carvalho, comtesse impeccable, de Mlle Adèle Isaac, Suzanne hors ligne, et de Mlle Van Zandt, idéal Chérubin... Qui ne se rappelle enfin avec quel art vous avez chanté et joué le Longueville de la jolie *Basoche* et créé les aimables personnages de *Joli Gille* et de *l'Amour médecin?* Et *le Roi malgré lui,* du pauvre Chabrier, et *la Vivandière,* et *la Vie de Bohême?...*

Mais vous avez aussi chanté *les Troyens,* de Berlioz; vous avez chanté *Phryné,* de Camille Saint-Saëns, et *Falstaff,* de Verdi; vous avez chanté la *Cendrillon,* la *Manon* et la *Grisélidis,* de Massenet; vous avez même chanté la *Louise,* de Charpentier... Aujourd'hui enfin, vous triomphez dans *le Bonhomme Jadis,* et M. Jaque Dalcroze ne passe pas, je crois, pour un adepte de l'ancienne école... Donc vous êtes un classique dans la plus large acception du mot, et vous ne dédaignez pas pour cela les musiciens modernes...

Si j'insiste sur ce point, ne m'en veuillez pas; nous avons aujourd'hui une tendance à classer les genres : un musicien est ou « vieux jeu » ou « nouvelle école »; il en est de même de l'interprète... Il me semble, à moi, qu'on

peut chanter les *Troyens* et le *Pré aux Clercs,*
Louise et *Don Pasquale*...

Dumas, qui adorait la musique, rendant
hommage à un compositeur de grand talent, aujourd'hui mis à l'index, écrivait : « Il n'est pas
un de nous qui, en redescendant ses souvenirs
les plus lointains, ne puisse bercer chacun de
ses souvenirs dans une mélodie de cet heureux
inspiré... Sa verve intarissable court depuis un
demi-siècle à travers nos existences, comme un
ruisseau sorti d'une source naturelle... Que de
tristesses il a emportées dans son murmure,
que de sourires il a reflétés, que de confidences
il a reçues, que de larmes douces il a mêlées à
ses eaux rapides dont rien ne pouvait troubler
la transparence, et combien de fois cet enchan-
teur nous fit remettre au lendemain les soucis
du jour et, le lendemain venu, il les avait fait
oublier!... »

Est-il possible, je vous le demande, mon cher
Fugère, de définir plus délicatement le charme
mystérieux de cet art sensible, caressant et con-
solant?

La vérité, c'est que tous les classements,
toutes les délimitations, toutes les subtilités
sont inutiles. L'essentiel, au théâtre, c'est qu'on
se donne la peine de faire ses classes et d'avoir
une méthode... Sans méthode, pas de style...
Votre Conservatoire, à vous, fut Ba-ta-Clan :

c'est là que vous avez appris — les concerts
étaient autrefois de vraies écoles! — à chanter,
à dire et à jouer la comédie. Et quand votre directeur Albert Carré célébrera, avec tout Paris,
vos trente années d'Opéra-Comique, vous jet-
terez un regard en arrière vers vos deux par-
rains : le comédien Boutin et le directeur Pâris.
Ce soir-là, si vous y consentez, nous tenterons
un pèlerinage à Ba-Ta-Clan...

Répertoire...

Mlle Bartet reprendra jeudi à la matinée des Trente Ans de Théâtre au Vaudeville ce rôle de Sylvia du *Jeu de l'Amour et du Hasard* qu'elle tient à ravir, et, à cette même matinée, M. Coquelin aîné jouera le Gros René du *Dépit amoureux* où nul ne l'égale. Les amateurs du grand répertoire sont, vous le devinez, dans la joie : Coquelin aîné pour commencer le spectacle et Mlle Bartet pour le terminer. Ce qui est assez piquant, c'est qu'après avoir enlevé Gros René, M. Coquelin se précipitera à la Gaîté et y endossera le costume de M. Jourdain du *Bourgeois gentilhomme*. Quant à Mlle Bartet, elle paraîtra d'abord à la Comédie sous les traits d'Armande, puis Armande montera dans sa loge, elle se poudrera et au Vaudeville elle deviendra Sylvia. Mlle Bartet, et aussi Mlle Leconte,

MM. Coquelin cadet et Baillet, auront ainsi, en moins de quatre heures, interprété huit actes du répertoire. Et une fois encore, notre pensée se reporte vers l'Oncle qui n'eût pas manqué de nous présenter une de ses formules favorites.

— Les vrais artistes, les grands artistes, les artistes de répertoire sont seuls capables d'exécuter de ces tours de force et de montrer une aussi parfaite probité professionnelle!...

Car c'était l'Oncle — ses neveux s'en souviennent — qui, plein de foi et de componction, disait :

— Surtout, mes enfants, respectez bien l'instruction que je vais vous donner! Une instruction? Pis que cela!... Une de mes volontés suprêmes.

— Comme tu y vas, s'écriait notre ami et partenaire de dominos, Georges Peyrat, sursautant et laissant tomber son double six. Une volonté suprême? Tu m'épouvantes, patron!

— Eh bien! répondait sérieusement l'Oncle, écrivez toujours répertoire avec un grand R... N'oubliez jamais la majuscule! Elle lui est due.

— Voilà ta volonté? répliquait Peyrat rassuré... Et tu nous la livres sans sourciller? Je comprends maintenant que tu consacres au Chat Noir, à Allais et à Salis, les soirées que tu ne passes pas à la Comédie! Te voilà un pince-sans-rire, toi qui flagelles chaque di-

manche la blague et l'ironie!... La Blague et
l'Ironie avec des majuscules, aussi, patron?

Sarcey s'esclaffait de son rire large et com-
municatif et reprenait la partie de dominos interrompue. La boutade n'en était pas moins
d'une absolue sincérité. En bon professeur de
théâtre, Sarcey exigeait une immense majuscule au mot répertoire...

Pourquoi faut-il que les petits-neveux —
l'esprit nouveau! — ne s'inspirent pas de tels
avis et refusent au répertoire classique la majuscule? Certes, beaucoup restent les disciples
fervents de Molière : quel dommage tout de
même que certains, absorbés par la comédie
moderne et préoccupés du succès immédiat,
négligent les leçons du passé! Ils songent aux
tournées, et la pièce nouvelle a, en province et
à l'étranger, chacun le sait, plus d'action que
le chef-d'œuvre de Racine ou de Molière. N'en
doutons pas pourtant : la réaction est fatale;
déjà la Comédie ne peut plus satisfaire, le jeudi
après midi, aux demandes d'abonnements, et
elle a inauguré, deux fois par mois, des di-
manches soirs classiques.

Mlle Bartet, que j'ai l'honneur et le plaisir
d'avoir pour voisine de jury aux examens tri-
mestriels du Conservatoire, a précisément
gardé l'amour et le respect du Répertoire. C'est
sur cette scène étroite de l'École que ma voisine

épela l'alphabet du théâtre; c'est là, en cette même classe, que Régnier lui apprit à dire Molière, Racine et Marivaux, et aussi à les aimer. Elle était intelligente et studieuse, elle adorait son art, son professeur Régnier l'avait prise en affection, et ses camarades lui prédisaient un prix; elle n'obtint cependant qu'un pauvre accessit de comédie et ne fut même pas nommée en tragédie, alors que des inconnues gagnaient les premières récompenses.

Le jury, en décernant un tout petit accessit à la jeune élève, commit-il une erreur, ou bien le talent naissant de la comédienne ne s'affirma-t-il qu'après sa sortie du Conservatoire? Mlle Bartet déclare modestement qu'elle ne méritait qu'un encouragement. Les adversaires du Conservatoire, je le sais, objectent, les palmarès à la main, que les premiers prix vont le plus souvent à des jeunes gens illustres à l'École, puis médiocres au théâtre. Un tel argument est-il sérieux? N'est-il pas plus logique de constater qu'un élève ne profite des leçons de l'École que lorsqu'il en est sorti et se trouve à même de les mieux comprendre? On l'a dit et on ne saurait trop le redire : les Coquelin, les Worms, les Barretta, les Réjane, ne furent que des *seconds* prix; Mmes Sarah Bernhardt et Bartet furent des *accessits* et je vous ai conté que la première de nos tragédiennes lyriques,

Mme Rose Caron, eût été rayée des cadres de l'École si le secrétaire général, M. Émile Réty, n'était intervenu auprès d'Ambroise Thomas. Elle eut son accessit de consolation, et elle n'en est pas moins aujourd'hui un des maîtres de cette École.

Le prix ou l'accessit ne signifie pas grand'chose, en réalité. L'essentiel, au théâtre, c'est d'apprendre ses lettres, or nulle part on ne les apprend mieux qu'au Conservatoire, qui reste la vraie École du Style. Et le Style exige aussi la majuscule !...

Ce n'est pas tout. Si Mlle Bartet majusculise — pardonnez-moi ce barbarisme ! — le Répertoire, c'est qu'elle sait bien tout ce qu'elle lui doit. Elle est la superbe interprète de Dumas, d'Augier et de Sardou, de Paul Hervieu, de Maurice Donnay, d'Alfred Capus, de Henri Lavedan et de Brieux... Il y a quelques jours, nous l'acclamions dans *Francillon* et la soirée se complétait par une magistrale exécution de *la Visite de Noces :* la semaine précédente, elle jouait *le Dédale* et, le jour où ce rayonnant chef-d'œuvre du théâtre contemporain, *la Course du flambeau,* prendra place chez Molière, elle remportera une nouvelle victoire. Mais ce talent serait-il aussi souple, ces rôles aussi variés, si l'interprète ne savait ses gammes et n'avait pioché son Répertoire ?

Tous les arguments des anti-classiques ne servent à rien, et les exemples sont là, irréfutables... Got fut Sganarelle avant d'être Poirier et Giboyer ; Delaunay n'eût pas abordé la comédie moderne s'il ne s'était plié aux exigences de Molière, et ses triomphes dans Horace de *l'École des Femmes*, Dorante du *Menteur*, dans Perdican, Valentin et Fortunio, le rendaient autrement heureux et fier, je vous l'affirme, que toutes ses créations modernes !... Nous n'oublions pas ce qu'était Worms quand il jouait *le Marquis de Villemer*, *Denise* ou *le Fils naturel*, mais n'était-il pas, avant tout, un Alceste de premier ordre ?... Coquelin lui-même reste un Cyrano unique, parce que, avant Cyrano, il fut Gros-René, Scapin, Crispin, Mascarille et Figaro : Mmes Reichenberg et Barretta, ingénue et amoureuse sans rivales, furent, la première Agnès et Marianne, la seconde, Henriette et Rosine... Les dramaturges modernes les auraient-ils sans cesse réclamées s'ils n'avaient admiré leur maîtrise dans le répertoire classique ? Et la regrettée Jeanne Samary et Mme Sarah Bernhardt elle-même ? Et je ne parle pas des artistes qui, pour des raisons personnelles, ne passèrent pas par l'École et n'en abordèrent pas moins le Répertoire... Frédéric Febvre, qui fit son apprentissage sur les scènes de faubourgs et fut un comédien d'un modernisme si délicieux, aimait à interpréter Almaviva, Tartufe et don Salluste... Souffrez que je compte *Ruy Blas* pour une œuvre du Répertoire!...

M¹¹ᵉ Bartet, elle, est une des plus grandes artistes de ce temps et de tous les temps. Elle est moderne et elle est classique; elle apporte à ces figures de Bérénice, d'Andromaque et d'Iphigénie, une chasteté, une délicatesse, une noblesse qui augmentent le charme de chacun de ces personnages, et qui élèvent et rehaussent toutes ces immortelles héroïnes... Mais une autre observation s'impose... Croit-on que l'interprète de Sylvia n'a pas puissamment aidé celle de Bérénice? Il y a tant de ressemblances entre les héroïnes de Racine et de Marivaux... Bérénice et Sylvia, cousines germaines? Non! mais alliées, du moins, et très alliées. Elégance raffinée chez l'une, tendresse native chez l'autre : poésie chez toutes deux. On a prétendu que Sylvia était un biscuit de Sèvres; on a raillé ses fins sourires, ses mines attendries, ses subtiles colères et jusqu'à ses petites larmes. Du Racine transposé, réduit et tarabiscoté, s'est écrié un des maîtres du marivaudage moderne... Et après? Est-ce que Voltaire n'avait pas dit : « Marivaux connut les sentiers du cœur : il en ignora les grandes routes... » Des biscuits de Sèvres, Sylvia, Lisette, Angélique, Araminte, tant qu'on voudra; des amourettes plutôt que

des amours, soit encore!... Mais une poésie
infinie se dégage de ces êtres si joliment artifi-
ciels et nul ne niera que ces « habitants poudrés
de la Cythère de Watteau » ont leur saveur,
leur couleur, leur originalité. On ne leur résiste
pas...

Oui, Mlle Bartet ne se contente pas de comprendre Molière, Racine et Marivaux : elle les
aime, et voilà pourquoi elle les nuance et les
idéalise aussi parfaitement... Quel dommage
— que de regrets j'exprime aujourd'hui! —
que la causerie qui lui valut tant de succès il
y a deux ans n'ait pas été sténographiée! Avec
quel art elle commentait ce Répertoire dont
elle est la gloire!...

Mais j'entends encore mon aimable confrère,
éternel mécontent, qui se plaint de la prodigalité et de la multiplicité des louanges que j'a-
dresse à cette place aux gens de théâtre... Que
mon confrère veuille bien se rassurer et que
mes distributions de prix ne l'effrayent pas.
Je sais établir des distinctions, et rien n'est
plus aisé que d'ignorer certains noms et de
toujours faire le silence autour d'eux... Je
lui indique cette méthode et, en terminant,
je soumets à son appréciation ce mot sincère,
et assez profond, d'une fort spirituelle comédienne :

— A tout le bien que la critique pourra dire

de moi, je préférerai toujours le mal qu'elle dira des autres !

Voilà de la bonne psychologie théâtrale, cher confrère, ou je ne m'y connais pas... Mais du moment qu'il s'agit de grandes artistes comme Julia Bartet, reconnaissez que l'éloge ne va jamais trop loin...

Décembre 1906.

Chansons...

Paulus!... Que de souvenirs!... C'est toute notre jeunesse que nous avons revécue l'autre jour, à la Gaîté, en cette belle représentation amoureusement préparée par Fursy.

Yvette Guilbert nous avisait, l'an dernier, que son camarade Paulus, qui posséda hôtel, voitures, domestiques, secrétaires, négligea de faire quelques économies. Elle savait, l'aimable Yvette, que les imprévoyants du théâtre et du concert peuvent toujours frapper à la porte de notre OEuvre : elle savait aussi que je connaissais personnellement Paulus pour lui avoir, jadis, interdit pas mal de chansons; elle savait enfin que si l'austère censeur allongea parfois ses ciseaux, c'était à regret.

Ah! les interminables discussions pendant lesquelles je tentais, moi Cadet d'Anastasie, de convaincre notre doyen de Forges ! Yvette était alors pensionnaire de l'Éden du boulevard de Sébastopol : elle gagnait à peine trois cents francs par mois : elle habitait un modeste logis à Asnières : son nom était ignoré du public : on l'avait entrevue aux Variétés... Avec quelle courageuse ardeur elle défendait ses chansons, couplet par couplet, vers par vers, mot par mot, et comme on devinait qu'elle croyait que « c'était arrivé » ! C'est, en effet, le propre des artistes de café-concert, de tous ces artistes-là, grands, moyens et petits, d'aimer passionnément leur métier. Que de fois j'entendis les grands de l'époque, Paulus, Victorine Demay, Florence Duparc, Bonnaire, et aussi les débutants : Yvette Guilbert, Anna Thibaud, Polaire, Polin (Polin était le camarade d'Yvette à l'Éden et figurait un matelot russe dans une revue) développer leurs théories sur le concert et réclamer notre indulgence, sous prétexte qu'ils y avaient plus droit que les autres.

— Plus droit que les autres, répliquait de Forges qui ne trouvait pas de mot — lui, le fils de l'auteur des doux et conventionnels *Pantins de Violette* — pour exprimer son indignation. Et pourquoi, mademoiselle Guilbert, plus de droits à l'indulgence que vos camarades? Répondez !

— Et tout simplement, monsieur, s'écriait

la jeune pensionnaire de Mme Castellano, par la raison que nous n'avons, nous, personne pour nous donner la réplique et nous soutenir en cas d'accroc. Le débutant, au théâtre, est conduit à la bataille par son ancien qui le guide, l'aide et le repêche au besoin... Nous, au contraire, nous, les diseurs de chansons, nous gardons l'entière responsabilité de nos succès ou de nos échecs. Lançons-nous un geste de mauvais goût? Exagérons-nous ceci ou cela? C'est à nous, et à nous seuls, que le public s'en prend. Nous luttons pour notre peau, nous luttons pour nous et rien que pour nous !

De Forges, je vous l'ai dit, était, sous son apparence de Cerbère d'Anastasie, un très brave homme. Je vous contais récemment comment Julien Sermet, collaborateur de feu Bataille, finit par conquérir notre doyen : il avait invoqué la « petite fleur de la chanson » et lui avait démontré que, même sous le revuiste frondeur, sommeille un chansonnier-poète. Yvette Guilbert, à son tour, apportait tant de conviction et de fougue à la défense de ses arguments, que de Forges était réduit au silence....

Il est d'ailleurs très vrai d'affirmer — il l'était du moins en l'an de grâce 1890, il y a dix-sept ans déjà — que la chanson de café-concert n'est pas du tout aussi malfaisante qu'on le prétend.

M. Jules Lemaître, qui nous offrit des pages délicieuses sur l'entrevue de Victorine Demay avec Renan, écrivait alors : « Ces scies sont d'un tour franchement populaire ; elles sentent bien le pavé de Paris : il y a souvent dans ses morceaux un vrai sens du comique et une espèce de lyrisme. »

Une espèce de lyrisme, eh ! oui... Que le concert ne soit plus aujourd'hui ce qu'il fut, et que le parfum du pavé de Paris n'ait plus la même saveur qu'autrefois, c'est bien possible... Mais qui nous dit que dans vingt ans nos neveux n'auront pas pour Polin, Fragson, Dranem et Mayol ce même regard attendri que nous jetons aujourd'hui vers Paulus, Victorine Demay, Florence Duparc et Valentine Valti? Ne soyons donc pas aussi sévères... Les Jouy, les Bruant, les Xanrof, les Mac Nab, les chansonniers du Chat Noir de Salis, de même que les fournisseurs de Paulus, de Duparc et de Demay, tous ces chansonniers-là possédèrent, au suprême degré, ce don inestimable de comprendre Paris. Ils ont, les uns excellemment, les autres avec beaucoup d'adresse, jeté en leurs chansons un grain de fantaisie, un je ne sais quoi d'indéfinissable qui séduit le Parisien. Jouy triomphait à Montmartre où foisonnent aujourd'hui les cabarets de la Chanson ; Delormel, lui, tenait ses assises aux cafés de l'Eldorado et de l'Alcazar... Jouy était un poète et un vrai poète, Delormel, un ingénieux fabricant d'amusants couplets, et leurs chansons, qui différaient de ton et de forme, avaient pourtant ceci de commun qu'elles gardaient toutes l'odeur de Paris...

Nous avons eu précisément, à la matinée de Paulus, la joie de constater qu'à dix-sept ans de distance cette Chanson résiste à tous les chocs. Je n'étais pas sans crainte, je l'avoue, non point sur le résultat matériel de la représentation (Fursy a réalisé des prodiges), mais sur l'exécution même d'un tel programme : je craignais que ce défilé de chansons ne semblât quelque peu monotone; or toutes les chansons ont été applaudies, bissées, trissées d'enthousiasme, et il y a, à mon sens, dans ce succès même quelque chose de très significatif.

Assurément Fursy avait son idée et voulait la mettre à exécution : il n'ignorait pas que les représentations à bénéfice se nuisent les unes aux autres par leur multiplicité même et que pour réussir il devient nécessaire de composer et de grouper des numéros non vus. Il commença par demander à Coquelin, à Huguenet, à Georges Berr, à Max Dearly, à Galipaux, à Pougaud, d'apprendre des chansons de Paulus; il les distribua — c'est le mot — à chacun d'eux et tous, heureux d'offrir à leur camarade un témoignage de personnelle sympathie, se mirent à la besogne. Pour les rois et les reines de la Chanson, pour MM^mes Simon-Girard, Yvette Guilbert, Paulette Darty, Mily-Meyer, Marguerite Deval, Polaire, Bruet-Rivière, pour notre chère Judic et Anna Thibaud (comment ces deux dernières ont-elles été oubliées?), rien de plus facile que d'apprendre une chanson et d'y faire beaucoup d'effet. MM. Max Dearly, Galipaux et Pougaud, joyeux compères de revues et de féeries, n'avaient pas grand mal, eux non plus, à se tirer d'affaire. Mais distribuer à Coquelin *Derrière l'omnibus;* à Huguenet *la Boiteuse;* à Georges Berr *le Garde municipal!...* Notre ami Coquelin me racontait que, depuis quinze jours, il passait les entr'actes de *Nos Bons Villageois* à répéter et à mettre au point *Derrière l'omnibus,* comme s'il s'agissait d'un rôle nouveau; Huguenet, qui est un maître comédien et a si spirituellement détaillé *la Boiteuse,* tremblait de peur, et vous ne sauriez imaginer ce que Georges Berr déploya de finesse et de talent dans *le Cheval du municipal.*

Mais, il faut bien en convenir, ces chansons, outre qu'elles sentent Paris et en reflètent l'âme, ont une qualité très rare : le mouvement, un mouvement qui établit entre l'acteur et le spectateur une communion constante, un mouvement sans lequel il n'est pas de théâtre possible.

Il y a autre chose que le mouvement : il y a aussi le rythme, et voici comment Paulus opérait... Il sifflait ses chansons à son camarade Garnier et au chansonnier Delormel, lequel s'appliquait à retrouver des vieux airs que le chef d'orchestre arrangeait ensuite. Grâce à ce sifflement, Paulus indiquait la cadence de la chanson et, en même temps qu'il rythmait les morceaux, il les jouait, il les mimait et il les adaptait à sa manière et à son talent.

Car le talent de Paulus fut souple, large, et Max Dearly, par une imitation étourdissante, nous en a montré, à cette matinée, les différents aspects. Créer un genre, c'était beaucoup déjà : ce qui était mieux, c'était de donner à ce genre une forme attrayante et neuve. Prenez, entre toutes ces chansons applaudies à la Gaîté, l'exemple d'*En revenant de la revue*. (Fursy avait tenu à ce que Paulus débitât lui-même les deux chansons les plus populaires : *la Revue* et *le Père la Victoire*.) Le succès fut prodigieux, et peu s'en fallut que le public ravi ne se levât en masse pour reprendre, en chœur, les refrains. Ajouterai-je que Paulus scande toujours merveilleusement, que sa diction reste irréprochable et que l'articulation est telle que nous ne perdions pas une syllabe? Mais aussi quelles chansons adroitement faites et avec quelle science du mouvement — je reprends le mot — tous les couplets sont gradués, dosés, découpés! Autant de couplets, autant de scènes qui forment un tout d'un irrésistible effet. Et c'est pour toutes ces raisons, raisons d'auteur et d'interprète, qu'*En revenant de la revue* nous offre la sensation de la foule de Paris, d'une foule grouillante, roulante et bruyante, se promenant joyeuse dans la poussière à travers les allées du Bois, ou entre les rangées de baraques de la Foire aux jambons sous le soleil...

Nous avons donc retrouvé l'autre jour ces impressions toutes chaudes, légèrement adoucies par le temps : nous avons eu plaisir à entendre ces jolies chansons, et nous avons su gré à notre fidèle Gabrielle Réjane d'avoir lu, et lu à ravir, un gracieux et très mérité compliment de nos amis Robert de Flers et G.-A. de Caillavet en l'honneur de Paulus.

Est-il d'ailleurs si coupable, le brave chanteur populaire, d'avoir poussé la générosité jusqu'à la prodigalité, et n'est-ce pas, hélas! l'éternelle histoire de beaucoup d'artistes — du théâtre et du concert — qui cachent sous une grosse gaieté d'infinies tristesses?... Ce que notre monde du théâtre, un peu artificiel certes mais sincèrement bon, compte de misères ignorées et dignes, on ne le sait pas...

L'important, me disait, il y a juste cinq ans, M. Victorien Sardou quand je lui confiai notre projet de caisse de secours immédiats, l'important c'est d'offrir à tous nos braves gens de théâtre indistinctement un peu moins de misère, puisque le bonheur ne veut plus d'eux...

Fursy, aidé de ses camarades, a très heureusement appliqué la maxime de M. Victorien Sardou, et cette journée de Paulus nous laissera le meilleur souvenir.

Pour Vizentini[1]

M. Albert Carré va donner une grande représentation en l'honneur de Vizentini. Il a groupé un comité et a bien voulu me compter parmi les amis de son regretté collaborateur.

Oserai-je rappeler que c'est en ce foyer de l'Opéra-Comique, où ce comité tiendra ses séances, que je confiai, précisément à Albert Carré et à Vizentini, cette idée de caisse de secours immédiats, englobant les imprévoyants du théâtre, d'où sortit notre Œuvre? Tous deux me comprirent, tous deux m'aidèrent, et au moment où notre Société entre dans sa sixième année, je veux donner une place particulière à ces collaborateurs de la première heure.

1. La représentation organisée par M. Albert Carré en l'honneur de Vizentini a eu lieu à l'Opéra-Comique et a obtenu le plus mérité succès.

La représentation, que le directeur de l'O-péra-Comique prépare, présentera un caractère spécial : elle sera un hommage public, écla-tant, rendu au nom aimé de Vizentini. Ceux qui connurent l'homme s'associeront à cette manifestation.

« Notre chien de garde nous a quittés, » disait récemment, au cimetière de Boulogne, le directeur privé de son fidèle collaborateur. Chien de garde, c'était vrai... Vizentini eut toute sa vie, et comme pas un, le sentiment et le respect du devoir. Je me souviens, à ce pro-pos, qu'il y a quelques années un malentendu, immédiatement dissipé, éclata entre Albert Carré et moi. Le jour même de l'incident, j'a-perçus Vizentini dans un couloir de théâtre : il était morose, gêné, lui d'habitude si avenant et si cordial.

— Qu'avez-vous, lui demandai-je, mon cher Vizentini? Vous paraissez souffrant...

— Non, fit-il d'un ton embarrassé. Je vous répondrai une autre fois, et vous m'approu-verez...

Je n'en revenais pas... Eh quoi! Vizentini, l'aimable Vizentini, tenait un tel langage!... Deux brouilles en une seule journée, c'était vraiment trop pour un homme de nature peu batailleuse... Dès le lendemain, j'avais le mot de l'énigme... Vizentini, d'avance et sans rien savoir, approuvait son chef; il ne se reconnaissait même pas le droit d'exprimer une opinion... Tout cela était net et franc; tout cela attestait la nature loyale de Vizentini et justifiait son accès de mauvaise humeur.

Cette fidélité du chien de garde était telle qu'en ces derniers temps Vizentini ne quittait plus, pour ainsi dire, son théâtre. Il s'y rendait dès l'aube, au risque d'être raillé par certains qui se refusent à admettre que l'on paraisse au théâtre avant midi et qu'on introduise chez nous les coutumes de l'étranger. Il dépouillait le courrier, rédigeait plusieurs rapports et s'assurait de la régularité du service de la journée. Un artiste télégraphiait-il qu'il était souffrant et ne pourrait pas chanter le soir? Vizentini sautait en fiacre, rendait lui-même visite au malade et sauvait la représentation.

— Vous ne vous doutez pas, répétait-il, des miracles qu'on opère avec la bonne parole! La bonne parole, chez nous, c'est le remède souverain... Elle varie suivant les individus, et réclame — ne riez pas! — un peu de diplomatie et une certaine connaissance du cœur humain. Mais oui!... A la première chanteuse vous prouvez qu'elle sera cause d'un relâche, et il suffit de faire appel à son inépuisable dévouement... Au ténor, au contraire, il faut indiquer qu'un camarade répète le rôle et est prêt à le chanter le soir même, au pied levé. Vous ne parlez pas à celui-ci comme à celle-là... Au théâtre de Lyon, par exemple, à la seconde soirée des *Maîtres Chanteurs*, j'avais trois artistes subitement malades : le ténor, la chanteuse et la basse... La bonne parole a tout sauvé... Eva se méfiait de sa doublure, qui était l'intelligence même : je promis au ténor d'afficher au plus vite *Roméo*, et de lui donner ainsi l'occasion d'un gros succès personnel : à Hans Sachs j'avais annoncé — pieux mensonge! — que le surintendant des théâtres de Munich se trouvait de passage à Lyon, pour un jour seulement, et qu'il avait exprimé le désir de l'applaudir, lui et non un autre... Vous devinez si notre Hans Sachs était flatté de cette marque d'honneur... Chacun recevait ainsi la « bonne parole », et la représentation, qui semblait si fortement compromise, marcha à merveille.

Les Maîtres Chanteurs!... Vizentini, en effet, monta le premier chez nous l'œuvre de Wagner; il reprit le soir de la première le bâton de chef d'orchestre, et, en dépit de bien des difficultés, l'exécution fut triomphale. J'assistai à la représentation, et j'eus la joie de dire publiquement à Vizentini, devant les représentants de la ville de Lyon, ce que nous pensions tous de lui. Il était si ému qu'il ne trouva rien à répondre et me serra dans ses bras. La presse lyonnaise le couvrit d'éloges et le proclama un maître directeur, ce qui ne l'empêcha pas, l'année suivante, de quitter la place. A Lyon comme à la Gaîté, comme aux Folies-Dramatiques, comme partout ailleurs, il voulait trop bien faire : l'artiste l'emportait sur le commerçant : il ne savait pas calculer...

Un autre jour, aux Folies-Dramatiques, il montait un joli opéra-comique de Varney; la pièce lui plaisait; il y croyait (il avait d'ailleurs cette qualité, assez peu commune aujourd'hui, de garder une imperturbable confiance en ses auteurs), il commandait des décors et des costumes, tous plus que flambant neufs, et Louis Varney se montrait ravi : sa pièce, bien chantée et bien montée, présentait les plus sérieuses garanties de succès... Pourtant, comme il était l'ami personnel de Vizentini, il lui objecta doucement qu'un tel luxe de mise en scène ne lui semblait pas indispensable, le magasin du théâtre contenant des décors et des costumes qui pouvaient, sans aucun inconvénient, servir à la pièce nouvelle. Vizentini bondit et se fâcha tout rouge... Il n'admettait pas qu'on pût employer une pareille méthode et emprunter des costumes et des décors au magasin du théâtre.

— Les voilà bien, nos auteurs, s'écria-t-il plein d'indignation. Nous nous ruinons pour eux, nous autres directeurs, et ils s'y refusent. Comprenez-vous ça?...

C'était le cri sincère d'un cœur généreux; c'était aussi, hélas! la plus judicieuse critique que Vizentini pût faire de toutes ses entreprises théâtrales. Sa prodigalité allait l'entraîner à de nouvelles folies lorsqu'en 1897 un homme qui l'estimait beaucoup, M. Henry Roujon, lui dit :

— Vous avez, mon cher Vizentini, à Paris, en province et à l'étranger, prouvé que vous êtes un grand et un très grand artiste. En 1875, vous fondiez, à la Gaîté, le troisième théâtre de musique réclamé depuis si longtemps; vous y avez magnifiquement accueilli Saint-Saëns, Victor Massé, Salvayre. Une légende veut que Ballande ait créé les matinées, alors que vous êtes, avec Félix Duquesnel, le véritable initiateur des spectacles diurnes du dimanche... Nous avons eu là, en votre Gaîté, de merveilleuses représentations du répertoire... En Russie, vous avez servi excellemment les auteurs et les comédiens... Au Gymnase et au Vaudeville, vous avez été, pour MM. Carré et Porel, un collaborateur de premier ordre; aux Variétés, on vous désignait comme le successeur de Bertrand; des Folies-Dramatiques, enfin, vous avez fait un second Opéra-Comique, et le Grand Opéra de Lyon n'eut jamais un directeur qui vous égalât. Ce sont là des titres rares, des titres exceptionnels. Seulement, malgré tant de succès, vous ne vous êtes pas enrichi; vous êtes pauvre... Le temps des largesses directoriales est fini... Vous allez maintenant travailler paisiblement aux côtés de notre ami Albert Carré; vous contribuerez à la prospérité de l'Opéra-Comique et vous n'en bougerez plus. C'est juré?

Vizentini jura et tint presque parole... Oui presque, car il fit encore une toute petite fugue à Marseille, mais elle fut si courte que son directeur, Albert Carré, l'en excusa. L'Opéra-Comique devint alors sa chose. Quand il n'était pas sur le théâtre, à l'avant-scène, il s'installait dans son bureau. Le service était-il assuré, le rapport terminé et la « bonne parole » portée à l'interprète? Il se mettait à sa table de travail et écrivait tantôt de très élégants articles de critique, tantôt ses souvenirs personnels; ou bien encore il alignait des colonnes de chiffres et calculait les moyennes des recettes du théâtre depuis les temps les plus lointains. De ce laborieux travail il tirait des conclusions et démontrait, preuves à l'appui, que le dimanche, le matin et le soir, les pièces de l'ancien répertoire réalisent toujours de fortes recettes, tandis que les abonnés du jeudi et du samedi marquent une prédilection pour le drame lyrique nou-

veau. Il avait fait de solides études d'harmonie
et de composition au Conservatoire, et, s'il
avait ses idées personnelles sur chaque genre
et sur chaque ouvrage, il se gardait bien de les
indiquer... Il estimait que tout directeur de
théâtre a le devoir d'être éclectique...

La vérité est que Vizentini travailla, durant
plus de cinquante ans, sans se ménager et sans
compter. Un tout petit peu de chance lui manqua pour qu'il arrivât à la première place. Mais
ses amis, et Albert Carré en tête, sont là pour
remettre les choses au point...

Janvier 1907.

Pierre Laugier[1]

La mort stupide fauche notre monde du théâtre, et voici qu'un comédien excellent, doublé d'un être rare, disparaît en pleine jeunesse, en plein talent, en plein bonheur. Vendredi dernier, au Conservatoire, avait lieu l'examen trimestriel : les élèves de Laugier venaient de défiler devant nous quand Paul Mounet nous apporta la stupéfiante nouvelle; le matin même, Georges Berr nous avait rassurés... Hélas! le pauvre Laugier avait contracté le mal au chevet de la petite fille qu'il adorait, et, tout de suite, les médecins désespérèrent.

Je sens que ce que j'écris ici à la hâte et le

1. Pierre Laugier avait été nommé professeur au Conservatoire en remplacement de M. de Féraudy, démissionnaire.

cœur désolé traduira bien imparfaitement ma
pensée. Voilà vingt-cinq ans que Laugier
était mon ami et que j'étais le sien : je l'esti-
mais autant que je l'aimais. C'est en 1882 que
nous nous rencontrâmés pour la première fois
en cette petite salle du Conservatoire où j'ai
appris sa mort. Il appartenait à la classe de
Delaunay : Albert Lambert, Mlles Marsy, Dar-
laud et Barety étaient ses camarades. Depuis
cette lointaine époque, j'eus souvent l'occasion
d'apprécier ce cœur exquis et fidèle ; la semaine
dernière, lors du règlement des comptes de
l'année, je me trouvais loin de Paris, et Laugier, par un mot d'une tendresse d'enfant, me
rappelait notre vieille amitié qu'une circonstance fortuite troubla naguère... Il avait, lui,
je le confesse, pleinement raison : j'avais, moi,
tous les torts ; je lui causai, à la légère, un peu
de peine, mais une loyale explication resserra
encore notre affection : nous avons regagné le
temps perdu...

La vie si digne et si unie de notre ami vous a
été racontée par Basset. C'était un caractère
que Laugier, nous disait vendredi M. Jules Claretie au Conservatoire, en présence de la
doyenne et du doyen de la Comédie, et je pense
que ce certificat, décerné publiquement par le
chef, vaut le plus beau des éloges ; mes appré-
ciations ne peuvent que l'affaiblir, et pourtant

je dois à Laugier un hommage de personnelle gratitude.

Il fut pour nos Trente Ans de Théâtre un collaborateur incomparable, un soutien de tous les instants; nul ne se dévoua avec plus d'intelligence, d'ardeur et de cœur à la tâche que nous entreprenions dans les faubourgs; mais il ne s'est pas contenté de nous prêter l'appui de son talent, il s'est fait notre avocat, il a rallié les hésitants, il a dissipé les malentendus, il a gagné notre cause. Quarante-deux fois — quarante-deux fois, c'est un chiffre — il a porté la bonne parole à Grenelle, à Belleville, à Ménilmontant, à Montmartre, à Montparnasse; il aimait à jouer Orgon, Argan, Harpagon, Chrysale chez nos petits Parisiens. Toutes les fois qu'il sortait de scène, n'en pouvant plus et ayant dépensé toutes ses forces — ce malade qu'on disait imaginaire souffrait réellement! — il nous confiait ses impressions... Il avait remarqué que les faubourgs de notre Paris forment autant de petites villes, qui ne jugent pas toutes les unes comme les autres. Il remontait ensuite dans la modeste loge que, dès le matin, son habilleur lui avait installée et, avant de quitter le théâtre, il venait, entre deux portants, écouter le vieil opéra-comique qui terminait le spectacle et dont il chantonnait les refrains, ou bien Polin qu'il adorait... Le rire large, épanoui, de Laugier éclatait dans la coulisse et, à ce bruit, Polin avait failli rester en plan !… Puis, après avoir demandé au régisseur le programme de la prochaine représentation de faubourg, Laugier regagnait son métro ; à la sortie des coulisses, les spectateurs s'étaient groupés pour bien voir si leur artiste favori était « le même à la ville qu'à la scène ». Bref, rien n'amusait Laugier comme de se trouver en contact avec ces publics sincères, vibrants et nouveaux. Les triomphes qu'il remportait auprès de ces publics lui donnaient plus de confiance, plus d'autorité et même — combien de fois il m'en fit modestement la confidence ! — plus de talent…

Ce talent était solide et résistant, et Laugier possédait l'inappréciable mérite de tenir à la fois trois emplois : les financiers, les grimes et — cette appellation qui sentait son vieux temps ne lui déplaisait pas — les manteaux… Les grands rôles du répertoire n'avaient plus de secrets pour lui : il s'en était emparé à force de travail et de persévérance, et c'est en jouant constamment et sans le moindre répit d'un bout de l'année à l'autre, et toujours à côté des artistes de la Comédie-Française, que son talent s'était affiné et élargi. Ses camarades raillaient parfois cet amour du répertoire, mais lui laissait dire et allait droit son chemin ; il était, suivant un mot cher aux habitués de l'ancienne Comédie, un artiste de tradition : la maison de Molière paraissait si bien être son domicile légal. qu'on l'eût difficilement vu ailleurs.

Et cependant, le culte qu'il avait pour Molière ne lui interdisait pas d'heureuses incursions dans la comédie moderne. Il fut Verdelet, il fut Charrier, il fut le bourgeois honnête et épanoui d'Augier : là, le « manteau » classique devenait le « financier » moderne. On a rappelé ses succès de *la Mégère,* de *Ruy Blas,* où il dessinait superbement Guritan ; mais on ne doit oublier ni Van Buck de *Il ne faut jurer de rien,* ni le baron de *On ne badine pas avec l'amour.* Il excellait à mettre en relief ces silhouettes de Musset, à leur imprimer une saveur et une couleur propres. Au manteau classique et au financier moderne succédait alors — troisième emploi — un grime, et ce grime était de premier ordre.

Qu'il jouât Molière, Augier ou Musset, Laugier apportait à l'exécution de sa triple tâche une probité professionnelle au-dessus de tout éloge. Sa conviction, ses délicatesses, ses scrupules faisaient notre admiration à tous ; c'était un homme d'un autre âge, un irréductible « centre-gauche » ; sa montre retardait, et il ne voulait pas la mettre à l'heure.

Je fus, précisément, il y a dix-huit mois, le

témoin de ses inquiétudes lorsqu'il posa, au Conservatoire, sa candidature à la classe laissée vacante par le départ de son camarade de Féraudy. Nous savions que le rêve de Laugier était d'être professeur au Conservatoire ; nous savions qu'il avait remplacé tous ses collègues et qu'il s'était fort bien acquitté de ces suppléances ; nous savions, enfin, que c'est sur ses indications que notre ami Lucien Fugère avait supérieurement composé le Sganarelle du *Médecin malgré lui*, de Gounod.

On proposait un jour à Fugère une classe d'opéra-comique : il se récusa et, en plein Conservatoire, au milieu du jury, il nous répondit :

— Je suis trop pris par mon service à l'Opéra-Comique, mais, à la prochaine chaire de comédie qui sera libre, je vous conseille de nommer Laugier ; je vous promets bien qu'il sera un des meilleurs maîtres de l'École de déclamation.

Nous avions compté, nous, sans Laugier. Cet homme, qui passait sa vie à obliger ses amis, était affolé à l'idée de demander quelque chose pour lui. Comment s'y prendre pour ne pas subir un échec qui le diminuerait à la Comédie ? Comment présenter ses états de service ? Fallait-il rendre des visites ? Une simple lettre, au contraire, ne témoignerait-elle pas plus de discrétion ? Autant de questions assez délicates,

qu'il compliquait encore. Il ne voulait à aucun
prix battre en brèche un concurrent et il se
doutait bien, tout de même, qu'en énumérant
ses titres il serait peut-être amené à discuter
ceux des autres. Sa nature généreuse ne pouvait se plier à tant d'exigences.

J'étais là quand Mme Pierre Laugier, accompagnée de M. et de Mme Georges Berr, lui annonça sa nomination de professeur. Le brave
garçon n'osait croire à une telle nouvelle, et je
l'entends encore murmurer à mon oreille :

— Elle devrait bien être là !

Elle, cette Elle, n'était autre que son admirable mère, si fière des succès de son fils, une
de ces mères dont Dumas a dit : « Dieu a bien
fait de faire le cœur des mères : celui des pères
n'aurait vraiment pas suffi ! »

C'est la jeune maman, à laquelle le compagnon de bonheur a été enlevé, qui pleure maintenant, et nous ne pouvons, nous ses amis, lui
apporter, devant un tel chagrin, un seul mot
de consolation...

Janvier 1907.

Bourses de Théâtre

Bourses de théâtre... Sait-on ce qu'on entend par ces mots? Je vais chercher à vous l'expliquer... Chaque année, en janvier, vous apprenez que l'élève de notre École de déclamation qui a semblé la plus méritante aux jurés a obtenu le prix Ponsin. Mme Provost-Ponsin, vous vous en souvenez, joua naguère à la Comédie-Française les soubrettes et les mères : cette sociétaire, qui était une excellente femme, montrait en créant un prix qui porte son nom sa reconnaissante sympathie envers le Conservatoire. Mais ce prix Ponsin ne suffirait pas à enrichir nos jeunes comédiennes : c'est un prix d'honneur; il vaut à celle qui l'obtient une somme peu importante. Un crédit spécial est affecté aux bourses.

Bourses de théâtre!... Vous ignorez toutes

les confidences tristes, désolantes, que notre confrère et ami Fernand Bourgeat reçoit chaque jour en sa qualité de secrétaire général du Conservatoire!... Confidences de parents, confidences d'élèves... Que de misères dont on ne se doute pas, et combien, parmi ces jeunes gens, doivent s'imposer de sacrifices et de privations, non seulement pour se présenter au Conservatoire, mais encore pour s'y maintenir! Ceux-ci sont contraints de demander au patron, deux fois par semaine, la permission de quitter l'usine pour se rendre à la classe : à l'usine, ils disent des vers ou bien chantent des airs d'opéras et offrent un peu de joie à leurs camarades qui voudraient tant aller un soir à la Comédie-Française ou à l'Opéra voir « comment c'est fait »... Celles-là débarquent de leur province : elles ont appris en cachette, sans en rien dire à leurs parents, la scène d'examen qui va décider de toute leur existence, et elles n'ont pas, les pauvres petites, de quoi s'offrir la robe, la modeste robe de concours... Tous ceux-ci et toutes celles-là avouent leurs peines, mais d'autres se refusent à être plaints... Que de distinctions à établir entre ces misères!...

Vous concevez alors pour quelles multiples raisons les demandes de bourses affluent. Jamais les pouvoirs publics ne disposent d'assez d'argent pour tout ce petit monde, et il est bien na-

turel que sénateurs, députés, conseillers municipaux et conseillers généraux se constituent,
le cas échéant, les avocats des apprentis-comé-
diens et chanteurs.

Je me souviens qu'il y a deux ou trois ans,
pendant que nous étions en train de répartir
les bourses et les indemnités entre les élèves
du Conservatoire, le plus illustre de nos collègues, M. Victorien Sardou, s'adressa à moi
et me dit :

— Nous nous préoccupons aujourd'hui — et
nous avons raison — du sort des imprévoyants
qui ont mal tourné. Mais ceux qui n'ont pas eu
le moyen de tourner du tout !... Ceux qui, toujours, partout, tout le long d'une vie pleine de
tourments, luttent désespérément et vont, répétant : « Si nous avions seulement pu tenter la
chance ! » Croyez bien que ces déshérités de la
première heure, ces « Six Mois de théâtre », on
ne les encouragera jamais assez...

C'est que M. Victorien Sardou sait, lui, les
difficultés que rencontrent sur leur route les
jeunes gens qui ont la marotte du théâtre. La
bourse de théâtre, à vrai dire, n'est pas autre
chose que cet « un peu moins de misère » que
M. Sardou lui-même m'indiqua il y a six ans,
le jour où je le priai de prêter l'appui de son
grand nom à une Œuvre qui m'est chère.

Bourse de théâtre... La question est vieille, et

Fernand Bourgeat retrouverait sans doute en ses cartons le procès-verbal d'une fameuse prise d'armes entre Dumas et Perrin : elle remonte à un quart de siècle.

Dumas, on le sait, apportait dans l'exercice de ses fonctions de juré une absolue indépendance ; on l'accusait naturellement d'indulgence à l'égard des jeunes gens jouant une scène du *Demi-Monde,* du *Fils naturel* ou de l'*Ami des femmes,* alors qu'il s'amusait à arranger les scènes et à les raccourcir de façon à faciliter la tâche de l'élève. Que de légendes on a fabriquées à ce propos ! C'est comme si aujourd'hui on prétendait que M. Sardou récompense de préférence une jeune fille jouant la Dolorès de *Patrie* ou bien que M. Ludovic Halévy et M. Paul Hervieu favorisent les interprètes de *Froufrou* ou des *Tenailles*. Nous savons ce qu'il faut penser de ces petites malices agrémentées suivant les besoins de mauvaises causes.

Donc, il y a quelque vingt-cinq ans, les jurés de comédie distribuaient, tout comme en ce moment, au mois de janvier, des bourses de théâtre, et l'aréopage comptait, parmi ses membres, le directeur de l'École, Ambroise Thomas, qui, discrètement, ne soufflait mot, du moment qu'il s'agissait de juger un art qui n'était pas le sien ; Émile Perrin, qui présidait alors aux destinées de notre première scène et passait, non sans raison, pour un diplomate des plus avisés ; Camille Doucet, l'aimable Doucet, l'ancien directeur des théâtres au ministère des Beaux-Arts, le doux poète des *Ennemis de la maison* et du *Fruit défendu* :

Léon, je te défends de brosser ton chapeau...

Ernest Legouvé, lecteur délicieux, attachant par cela même une importance particulière à la netteté de l'articulation ; Édouard Thierry, l'ancien administrateur général de la Comédie-Française, éminent feuilletoniste du *Moniteur*; Charles de la Rounat, qui quittait le commissariat général des théâtres subventionnés pour la direction du second Théâtre-Français; Jules Barbier, le grand librettiste de l'époque ; Régnier, représentant l'ancienne Comédie, et Frédéric Febvre la nouvelle, et les professeurs en exercice, qui étaient Got, Delaunay, Worms et Maubant. L'administration des Beaux-Arts déléguait à ces réunions deux de ses hauts fonctionnaires : MM. Émile Réty et Eugène des Chapelles; ils connaissaient merveilleusement les rouages de notre École de musique et de déclamation; ils étaient chargés de faire respecter les règlements et s'acquittaient fort bien de leur tâche, le premier avec une bonté un peu bourrue, le second avec une extrême bonne grâce. Ni Labiche, ni M. Sardou, ni Meilhac, ni M. Halévy ne figuraient alors en cet aréopage, et on ne comprenait guère ces exclusions...

Dumas, vous le devinez, représentait l'extrême gauche, très avancée, de ce jury. Suivant sa coutume, il allait de l'avant, il parlait net et fort et n'admettait pas les mesures boiteuses. Il avait remarqué à l'examen d'entrée, en octobre, une jeune fille adorablement jolie et extraordinairement douée : elle répondait au nom de Marie-Louise Marsy. Dès le concours de janvier, les jurés constataient que la jeune élève de Delaunay avait réalisé toutes les espérances fondées sur elle; de l'avis de tous, elle méritait la première place... Dumas avait réclamé pour elle l'encouragement suprême : — la bourse la plus forte. — Un collègue fit alors remarquer que, d'après ses renseignements, la jeune Marie-Louise Marsy pouvait peut-être se passer de la bourse qu'on allait lui octroyer.

— Ah! je ne comprends plus!... s'écria Dumas. Si nous sommes les administrateurs d'un bureau de bienfaisance et non des hommes de lettres et des jurés, avouez-le franchement. Nous ne devons pas alors nous réunir ici, nous nous trompons de porte... Déménageons! allons à la mairie du neuvième!...

Ce langage produisit quelque émotion. Sensation prolongée, dut inscrire au procès-verbal le secrétaire du jury. Dumas, par sa véhémente apostrophe, posait carrément la question. Après un temps long — un véritable temps de théâtre — Perrin, de sa voix tremblotante et nasillarde, reprit flegmatiquement :

— Nous vous remercions, mon cher Dumas, de nous décerner le titre, très honorable d'ailleurs, d'administrateurs de bureau de bienfaisance, mais je crois, moi, que les bourses de théâtre doivent aller, d'abord, aux jeunes gens qui en ont besoin... Bureau de bienfaisance tant que vous voudrez! Qu'est-ce que cela prouve? Je ne pense pas que nous rabaissons notre rôle en réclamant des renseignements sur la situation de fortune ou d'infortune des élèves qui se présentent devant nous. Je souhaiterais même qu'en entrant ici l'élève ne se contentât pas de signer un contrat avec l'administration, mais qu'il indiquât d'où il vient et s'engageât à refuser les indemnités ou les bourses lorsqu'il n'en a que faire. Estimez-vous qu'une déclaration de ce genre gênerait le classement que nous établissons, nous, aujourd'hui, et ne trouvez-vous pas que les indemnités matérielles — les bourses — seraient réparties d'une façon plus équitable?...

La discussion continua, sans qu'aucun des deux adversaires reculât d'un pouce. En dépit des arguments des deux combattants, il fut convenu qu'on ajournerait la question. Et vous savez ce qu'en langage administratif on entend par ces mots : ajourner la question...

Vingt-cinq années ont passé et le point d'interrogation reste le même. Heureusement M. Gabriel Fauré est là, et je suis certain qu'aidé par M. Fernand Bourgeat, il trouvera, ici encore, avec son grand souci d'équité et de bonté, le moyen de satisfaire tout le monde.

Au fond, M. Victorien Sardou disait vrai : les « Six mois de théâtre » nous guettent. Il faut que tous se mettent à la besogne, et il convient de remercier M. Deville qui, chaque année, au Conseil municipal, plaide et gagne la cause de ces jeunes gens. S'il en est qui, dès la première heure, feraient bien de renoncer à un métier dont ils ne voient que les trompeuses apparences, combien, par contre, n'ont même pas le moyen de s'y préparer !... Les « Six Mois de théâtre » sont plus nombreux qu'on ne suppose, et la bourse adoucirait singulièrement leurs peines...

L'important, c'est de multiplier les encouragements et les bourses de théâtre, c'est d'aider toute cette jeunesse, qui vagabonde et qui cabotine avant l'heure, parce qu'elle n'a pas les moyens de faire autrement.

Janvier 1907.

William Busnach

— Vous me promettez de me consacrer, le
lendemain de ma mort, un article dans lequel
vous affirmerez que j'étais un assez brave
homme, un peu toqué, pas aussi toqué qu'on
voulait bien le dire, très malade depuis quelques
années et plus malade qu'on ne le croyait. Voilà
pour l'homme. Quant à l'auteur dramatique,
vous proclamerez qu'il a beaucoup travaillé
dans tous les genres : la comédie, le drame, le
vaudeville, l'opérette, la féerie, la revue; qu'il
a été le collaborateur d'écrivains illustres, dont
Zola... Vous ajouterez qu'il a arrangé, dérangé
et rétamé beaucoup de romans, et que s'il s'est
livré à cette besogne et s'est ainsi concilié pas
mal d'antipathies, c'est parce qu'il avait besoin
de gagner sa pauvre vie. Cette petite oraison
funèbre m'est due, et sans doute le jour où ils

apprendront que j'ai quitté cet assez vilain monde, ceux qui m'en voulaient me pardonneront, et ceux qui, comme vous, m'auront gardé un peu d'amitié — un peu, c'est tout ce que je mérite! — murmureront : « Ce Busnach n'était vraiment pas un méchant homme! » Quelques camarades m'accompagneront à mon ultime demeure; après qu'ils auront déposé mes dépouilles au four crématoire, ils se réuniront et iront déjeuner ensemble; ils reconnaîtront alors que mes folies ne nuisirent à personne, et, de temps à autre, à propos d'une reprise de *Nana* ou de *l'Assommoir*, ils rediront que je fus un horrible tripatouilleur devant l'Éternel... Et voilà comment j'aurai vécu exactement trois quarts de siècle... Il n'y a pas de doute possible, je mourrai à soixante-quinze ans... J'ai calculé, et je ne me trompe pas...

J'écoutais Busnach. Il me racontait son histoire le plus tranquillement du monde; il se jugeait sans indulgence; il se rendait un compte précis de ce qu'il était et de ce qu'il aurait pu être; il ne se faisait aucune illusion. Un peu toqué, répétait-il, et tout de même moins toqué qu'on ne prétendait. Et cette appréciation était encore extrêmement exacte, aussi exacte que sa prédiction finale : « Je mourrai à soixante-quinze ans. »

A la vérité, Busnach descendait en droite

ligne de Schaunard et de Colline et était le très
proche parent de maître Rodolphe Salis. Le
bouquet de violettes fané, la boucle de cheveux
sous verre, le gant perdu, chers à Murger, formaient la bibliothèque de cet éternel amoureux.
Il passait sa vie à demander en mariage, et très
sérieusement, nos plus charmantes artistes, et
ses galanteries étaient sincères. Il se doutait
bien qu'elles repousseraient ses offres, mais ses
petites intrigues d'amour, fort inoffensives
après tout, le consolaient et l'aidaient à vivre,
car il souffrait horriblement, n'en doutez pas.
Il se cloîtrait durant des mois, seul, dans sa
chambre, et ce n'était pas de gaîté de cœur. Sa
devise : « Kek ça fout! » qu'il ne manquait pas
d'inscrire sur son papier à lettre, était un défi...
Il y avait en lui beaucoup de fumisterie et un
peu — le mot est sans doute bien gros! — de
mysticisme, et c'était bien la preuve que, s'il
avait eu vingt ans de moins, Busnach eût brillamment représenté le Cénacle du Chat-Noir.
Qui donc a dit, et fort bien dit, ma foi, que
nulle part mieux qu'au cabaret de Salis on n'a
été plus respectueux du passé, plus sentimen-
tal, plus chauvin, et que nulle part on n'eut
l'esprit plus religieux ?

Souvent j'avais signalé à Busnach cette pa-
renté. Il ne la reniait pas : il était venu au
monde ou trop tôt ou trop tard, mais pas à

l'heure en tous les cas, et, en fin de compte, il n'était pas très à l'aise sur cette planète. Le regret le suivait partout. Il avait été un des auteurs d'*Héloïse et Abélard*, de *Pomme d'Api*, de *Forte-en-Gueule*, de *la Belle au Bois dormant*, de *l'Assommoir*, de *Nana*, de *Pot-Bouille*, du *Ventre de Paris* et de *Germinal;* il avait été le collaborateur de Varney, d'Audran et de Serpette; il avait fait à lui seul plus de pièces que dix auteurs réunis pourraient en faire, et cependant il n'était pas le premier : il restait le second...

— Quand je songe, répétait-il, que je n'ai jamais été le chef d'une collaboration, et que jamais on ne me prit au sérieux !...

Je le rassurais de mon mieux et lui rappelais dans quelles circonstances particulières je le connus il y a une vingtaine d'années. On jouait alors le vaudeville aux Menus-Plaisirs, qui changeaient constamment de directeur. Busnach avait, suivant son habitude, profité de ces périodiques changements pour apporter une pièce. Ses cartons étaient toujours bien remplis et bien rangés : ici, le carton mélodrame; là, le carton vaudeville; autre part, le carton revue et féerie. Un véritable bureau de ministère théâtral. Il avait donc présenté au nouvel imprésario des Menus-Plaisirs une pièce extraite de son « carton vaudeville » : son collaborateur était M. Debrit, et le vaudeville était intitulé : *Ma Femme manque de chic.* Les trois actes avaient plu au directeur, mais on n'avait pas la comédienne capable de jouer le principal rôle. Je me trouvais par hasard aux Menus-Plaisirs, et Busnach, que je n'avais jamais vu, me dit à brûle-pourpoint :

— Je suis bien certain que ce petit gros, quoiqu'il ait encore moins de cheveux que moi, va nous dénicher notre comédienne et nous tirer d'embarras !

J'étais un peu décontenancé et en même temps très flatté... Eh quoi ! Busnach, le collaborateur de Zola, s'adressait à moi, débutant, signataire de vagues articles de critique, et il me demandait de lui trouver une étoile !... C'était beaucoup d'honneur et je tenais à m'en rendre digne. Immédiatement et sans plus attendre, désireux de montrer que j'étais à la hauteur de la mission qu'on me confiait, je désignai plusieurs artistes... Au nom de Julia Depoix, à ce moment-là pensionnaire du Gymnase dirigé par Victor Koning, Busnach tressaillit. Elle était bien petite pour tenir un premier rôle, un rôle de pièce, mais elle était si jolie ! Et puis, elle savait son métier, elle avait appartenu à la classe de Delaunay, elle avait gagné un accessit au Conservatoire et — vertu suprême — elle avait de l'école. Je fus chargé de tenter une dé-

marche auprès d'elle, et je vous laisse à penser
si j'étais fier d'une telle ambassade. Je ne connaissais l'aimable artiste que pour l'avoir entrevue aux déjeuners hebdomadaires de Sarcey, et
c'est chez l'Oncle que je lui transmis la requête
de Busnach. Julia Depoix hésitait; elle était en
train de se faire une place importante, et elle ne
savait si son directeur Koning l'autoriserait à
quitter le Gymnase; mais la vedette, le nom
écrit en immenses caractères sur une affiche de
théâtre et flambant en lettres de feu, n'était-ce
pas tentant? Koning lui accorda le congé : elle
accepta le rôle, et la pièce qui était gaie, pleine
de scènes de bonne comédie et bourrée de mots
de la meilleure observation, alla aux nues le
soir de la première représentation.

— Enfin! s'écria Busnach embrassant son
interprète, vous étiez la petite Depoix et vous
voilà la grande Depoix, et moi qui n'étais qu'un
vulgaire vaudevilliste, me voilà un vrai auteur
dramatique!...

Cette joie ne fut pas de longue durée... Les
spectateurs des premières acclamèrent les auteurs et leur interprète; la presse confirma cette
victoire... Malheureusement, le public avait
perdu le chemin du théâtre du boulevard de
Strasbourg, et c'était le diable de le lui faire reprendre. On maintint *Ma Femme manque de
chic* sur l'affiche durant deux mois, on la reprit

même dans le courant de l'année, mais ces succès-là ne comptent guère... Busnach et Julia Depoix eurent une seule soirée de triomphe et tous deux rentrèrent ensuite dans le rang, l'une au Gymnase, l'autre à sa fabrique de vaudevilles et de mélodrames...

Je revis Julia Depoix... Visiblement, ce faux succès l'avait découragée. Quant à Busnach, il avait l'air d'en prendre son parti et ne laissait point paraître son dépit; la déception fut d'autant plus vive qu'il avait cru durant quelques heures — les heures de la première représentation! — avoir réalisé le rêve de sa vie. Il avait été pris au sérieux!...

Quand, il y a une dizaine d'années, Julia Depoix mourut, toute jeune, emportée en quelques jours, Busnach m'écrivit un mot navrant qui se terminait ainsi : « Au fond, je crois bien que c'est moi qui lui ai porté la guigne, à la pauvre petite... »

J'ai là, devant moi, beaucoup de lettres de lui : des boutades plutôt que des lettres, et des boutades gentilles de grand enfant que la vie n'a pas gâté... Il y a deux ans, à pareille époque, j'avais publié une intéressante et longue lettre qu'il m'avait adressée à propos des levers de rideau. Il ne savait comment me remercier d'avoir offert à sa prose — sa vieille prose refusée par les jeunes directeurs, ajoutait-il tristement — l'hospitalité du *Figaro*. Il se préparait à donner à Rouen *Madame Bovary*, et je lui promis d'assister à la première représentation... Je me mis donc en route pour Rouen. Il était là au théâtre, allant, venant, passant du plateau à la coulisse, content d'avoir livré la bataille et d'être arrivé à ses fins. La pièce, malgré une interprétation incertaine, marcha sans encombre, et je l'encourageai à la présenter à un directeur parisien. Je ne revis plus Busnach que deux fois, à nos représentations des Trente Ans de théâtre; il avait repris sa marotte et proposait le mariage à toutes nos étoiles d'opérette. De *Madame Bovary*, il n'était plus question : il avait perdu tout à fait courage...

Voici la dernière lettre que je reçus de lui. Elle n'était pas bien gaie, comme vous voyez :

« Mon cher « Trente Ans »,

« Un vieil acteur, qui m'a joué — très mal — un rôle dans une mauvaise reprise de *Nana*, est dans une purée auprès de laquelle celle de Crécy n'est rien. Il vient chez moi tous les quatre ou cinq jours. Les Trente Ans ne pourraient-ils donner un secours à cet homme, s'il n'est pas mort de faim à l'heure qu'il est? Si c'est possible, je vous enverrai son adresse. D'autre part, je compte organiser sous peu une matinée pour me payer mon édition de mon

dernier bouquin, qui me coûte six cents francs.
Si j'en rattrape quatre cents, j'offrirai le reste à
mon pauvre homme. Seulement?... De cœur et
merci.

« WILLIAM BUSNACH. »

Cet homme qui avait travaillé toute sa vie et
qui, à soixante-quinze ans, ne trouvait plus d'é-
diteur!... N'est-ce pas qu'il y a là quelque chose
de profondément douloureux? On le raillait,
l'aimable Busnach : on ne le prenait pas au sérieux... Il valait mieux qu'il ne croyait et qu'il
ne disait valoir. Son « Kek-ça-fout » n'était pas
vrai, je le répète, et ce prétendu sceptique cachait un bon cœur. Je suis heureux, pour ma
part, d'avoir tenu ma promesse et de lui avoir
rendu aujourd'hui un peu de cette justice qu'il
ne voulait pas se rendre...

Mars 1907.

Nos Cantatrices

A Madame Félia Litvinne.

Vous allez chanter à l'Opéra trois de vos plus beaux rôles : vous commencez par *Armide,* vous continuez par Brunehilde de *la Valkyrie,* et vous ne dédaignez pas de chanter *les Huguenots.*

Ah! la spirituelle leçon que vous infligez là à ceux qui exigent que vous vous confiniez dans le répertoire de Wagner... Ils oublient, ceux-là, vos récentes victoires à l'Opéra-Comique : ils ne savent donc pas que, la semaine dernière, entourée de M. Renaud et de M. Clément, vous retrouviez, sous les traits de la donn Anna, de *Don Juan,* le même succès qu'il y a trois ans au Nouveau-Théâtre, entre M. Lucien Fugère, M. Victor Maurel et Mme de Nuovina. Vous ne craignez pas que les wagnériens vous rappellent à l'ordre, et, crânement, vous apportez l'appui de votre talent à ces vieux et tout de même fort bien portants *Huguenots;* vous avez plaisir à payer d'exemple en montrant que le drame lyrique — l'art wagnérien dont vous possédez tous les secrets — peut marcher de pair aux côtés de l'ancien opéra, de ce grand opéra bafoué par les modernes.

Est-ce bien, ainsi qu'on l'annonce, votre rentrée à l'Opéra? Je crois que non... J'ai ouï dire que vous y êtes apparue il y a quelques années. Vous débutiez alors; personne ne vous connaissait; peut-être même ne chantiez-vous pas sous ce nom, aujourd'hui glorieux, de Félia Litvinne. Un homme pourtant, qui passe à bon droit pour avoir quelque autorité, proclamait qu'une vraie cantatrice était née. Et ce prophète n'était autre que M. Camille Saint-Saëns. Depuis cette époque, vous avez souvent, à l'étranger, chanté sa *Dalila,* et vous vous y êtes montrée admirable... Oh! je sais... Avec l'exquise modestie qui vous distingue, vous répondez qu'en revêtant le costume de Dalila vous empiétez sur le domaine de vos camarades, et, doucement, vous ajoutez que le personnage appartient aux seuls contraltos et ne relève pas de votre emploi.

Votre emploi!... Vraiment, les emplois existent-ils ailleurs qu'à la Comédie-Française, où la classification des manteaux et des grimes, des ingénues et des amoureuses, des grandes coquettes et des jeunes premières, a sa raison d'être? Quelle différence y a-t-il, je vous le demande, entre la forte chanteuse et la falcon?

Vous êtes une falcon, puisque, au Théâtre Lyrique de la Gaîté, vous chantiez Rachel de *la Juive*... Théophile Gautier a écrit : « Le rôle où le talent de Mlle Falcon ressort le plus avantageusement, c'est le rôle de *la Juive*. »

Vous êtes une falcon quand vous chantez *la Juive*; vous êtes une falcon quand vous chantez *les Huguenots :* vous êtes un contralto quand vous chantez *Samson*. Et quel est l'emploi que vous tenez quand vous chantez *Tristan et Yseult, la Valkyrie, le Crépuscule des Dieux,* Vénus de *Tannhaüser,* ou bien Elsa de *Lohengrin?*... Est-ce que ce rôle d'Elsa ne fut pas chanté à l'Opéra par la Juliette de *Roméo,* par la Marguerite de *Faust,* Mme Aïno Ackté, ce qui ne vous empêcha, ni vous ni notre incomparable Rose Caron, d'y remporter un éclatant succès? Est-ce que ce même rôle d'Elsa n'est pas tenu, tantôt par la chanteuse légère, tantôt par la forte chanteuse? Vous-même vous êtes, certains soirs, — toujours à l'étranger, hélas! — la Marguerite de *Faust,* que les chanteuses légères prétendent être leur bien propre. Et Mme Rose Caron n'a-t-elle pas été l'héroïne de Gounod, d'abord à

Bruxelles, ensuite à l'Opéra? N'est-ce pas, à la Monnaie, en l'entendant chanter ce rôle de Marguerite, que M. Reyer décida qu'elle serait sa Brunehilde, son impérissable Brunhilde de *Sigurd*?

Ce qui est vrai, c'est que votre voix pure, immense, superbe, se joue de toutes les difficultés, se plie à toutes les exigences et nous procure la joie infinie d'une absolue sécurité. Pour ce qui est des emplois, il devient impossible d'en maintenir les subtiles classifications. Nos professeurs de chant se lamentent sur la disparition de ces traditions; ils vont répétant que Wagner est responsable de ce prétendu méfait; ils exigent qu'on classe et les voix, et les rôles, et les genres; ils estiment que l'art du chant, tel qu'on le comprenait autrefois, n'a rien de commun avec la déclamation lyrique telle qu'on l'entend maintenant, et ils affirment que Raoul et Valentine sont autrement difficiles à chanter que Lohengrin et Elsa. Et, en effet, pour aborder le drame lyrique, il est indispensable d'avoir fait ses gammes et d'être rompu au vieux répertoire.

En chantant indistinctement Wagner, Mozart, Gluck, et aussi Gounod et Meyerbeer, vous donnez satisfaction aux anciens et aux modernes et détruisez la légende qui vous représente comme l'exclusive interprète du répertoire du théâtre de Bayreuth. Cette légende a assez duré : il faut qu'elle disparaisse. C'est à Bruxelles qu'elle se fabriqua... Voyez plutôt...

Il y a quatre ou cinq ans, on vous avait engagée à Bruxelles — toujours à l'étranger ! — pour y chanter *le Crépuscule des Dieux;* l'œuvre de Wagner était luxueusement montée; on s'était mis en grands frais de décors et de costumes, et, suivant l'usage, la partie orchestrale ne laissait rien à désirer. Toute la critique musicale était à son poste : les directeurs de la Monnaie avaient bien voulu me convier à cette solennité, et tranquillement j'avais pris l'express qui devait m'amener à Bruxelles vers cinq heures. Nos confrères de Paris m'avaient devancé, et, me trouvant seul en wagon, j'avais eu le loisir de contempler à la douane le noble fonctionnaire que J.-J. Weiss glorifia naguère : « Ouvrez la valise ! Avez-vous quelque chose de neuf, si v' plaît? » Quelque chose de neuf, autrement dit de la contrebande... Dégustez le trait du douanier !...

A la gare de Bruxelles, le cocher de l'hôtel s'empara de ma valise. Il m'annonça que le train avait quelque retard et que la représentation n'en commencerait pas moins à six heures et demie tapant. Visiblement ce cocher, sans avoir la solennelle érudition de ses col-

lègues d'Allemagne, était très renseigné, et
rien de ce qui se passait au théâtre de la Monnaie ne lui échappait. Il m'apprit qu'il avait, la
veille, grâce au second régisseur, son camarade
de régiment, assisté à la dernière répétition du
Crépuscule, et que, de sa vie entière, il n'avait
entendu une pareille cantatrice; il faisait cependant une réserve et regrettait qu'une artiste
d'un tel talent ne chantât que Wagner. Tout
le peuple flamand, n'en doutez pas, parlait par
l'organe de ce sympathique automédon. J'appris bientôt qu'il avait, en son jeune âge, appartenu au Conservatoire de Bruxelles, si intelligemment dirigé par M. Gevaert.

A l'hôtel, on me confirma que, suivant la
mode adoptée à Bayreuth, la représentation ne
comporterait qu'un entr'acte, celui du dîner.
L'exécution fut parfaite et votre succès triomphal. Après le « deux », on se mit à table, et
naturellement on disserta sur les décors, les
costumes, les chœurs, l'orchestre, les interprètes : on se livra au petit jeu des comparaisons, et il fut reconnu que la Monnaie de
Bruxelles l'emportait sur les autres scènes, et
que pas une cantatrice allemande ne vous ap-
prochait. Ce soir-là, je vous l'affirme, Moscou
n'avait plus le droit de vous revendiquer!... On
s'extasiait sur votre interprétation, on énumé-
rait vos rôles : vous étiez bien la grande canta-

trice wagnérienne. La liste de vos rôles établie, je me permis de faire remarquer que vous aviez souvent chanté Mozart, Gluck, Gounod, Meyerbeer et aussi Massenet et Saint-Saëns, et qu'il était peut-être injuste de commettre ces oublis. Un silence accueillit mes paroles : il n'était pas douteux que d'autres noms que celui de Wagner sonnaient faux : pour les wagnériens de tous pays, réunis autour de cette table hospitalière, vous étiez la grande, l'unique artiste wagnérienne.

Vous l'étiez d'ailleurs si bien, si complètement et si parfaitement, qu'on m'avait raconté que vous parliez fort mal le français. Où donc cette autre légende avait-elle pris naissance? Aussi quelle fut ma surprise — vous vous en souvenez! — lorsque nous nous rencontrâmes pour la première fois. Non seulement vous parliez le français, mais vous le parliez avec élégance, et votre léger accent russe me sembla charmant... Je vous entends vous écrier :

— C'est vrai, ce mensonge-là? On vous a dit que je ne sais pas le français, moi qui suis née d'une mère Canadienne qui nous a élevés dans le culte de la France. Sachez que je n'ai qu'un rêve : chanter en France, à l'Opéra surtout... Si vous devenez mon ami, vous verrez bien que tout cela est vrai et que je ne mens jamais.

Le rêve est réalisé et vous chantez à l'Opéra.

Vous allez être, tour à tour, la grande cantatrice wagnérienne et la radieuse interprète de
Gluck et de Meyerbeer. Tous, spectateurs et
camarades, vous acclameront, car vous avez ce
privilège d'être admirée et aimée. La sympathie, vous la devez à votre bonté; l'admiration,
à votre talent. Et ce double privilège, je vous
l'affirme, est extrêmement rare...

Mars 1907.

Alphonse Duvernoy

Voici encore une mort inattendue, presque foudroyante ; voici encore un ami qui nous quitte, alors que nous l'espérions remis d'une indisposition passagère. M. Gabriel Fauré l'a rappelé en termes éloquents : le Conservatoire de musique perd un des hommes qui lui furent profondément dévoués.

C'est il y a vingt et un ans qu'Alphonse Duvernoy prenait la succession de Lecouppey. A vrai dire, il appartenait — depuis toujours ! — au Conservatoire : il y était né, il y avait été élevé, il y avait grandi, réussi, et ce nom honoré de Duvernoy tiendra une place glorieuse dans l'histoire de notre École de musique ; de père en fils la tradition, et la saine tradition, a été pieusement gardée... Alphonse Duvernoy se trouvait être l'avant-dernier de cette grande famille, et notre ami Edmond, qui professait pour son frère une vraie adoration, se refuse à croire à cette séparation et se demande comment il continuera la route jusqu'alors si douce!...

Nous étions, nous, en admiration devant cette fraternelle amitié; nous comprenions que ces hommes avaient lié à jamais leurs existences, qu'ils n'avaient pas un secret l'un pour l'autre et qu'ils éprouvaient une joie infinie à se faire, comme ils le répétaient gentiment, leurs confidences quotidiennes. L'aîné, Alphonse, était le guide, le conseiller; Edmond, docile, aimant, suivait aveuglément ses avis, et pas un jour cette union ne fut troublée par un nuage... N'y a-t-il donc pas là, mon pauvre ami, pour celui qui reste, la meilleure des consolations?

Travailleur infatigable, partageant sa vie entre sa famille et ses élèves, Alphonse Duvernoy employait ses loisirs à composer, et ce musicien (les succès de *la Tempête,* couronnée au concours de la Ville de Paris, et d'*Hellé,* à l'Opéra, le prouvèrent) possédait un réel talent. On lui reprochait sa fidélité à l'ancienne école : on lui en voulait un peu de ne pas se soucier suffisamment de l'évolution musicale : la jeune critique ne lui en témoignait pas moins une vive estime. L'écueil, c'était que ses brillants succès de professeur lui avaient valu quelques jaloux. Du moment qu'une classe obtient chaque année beaucoup de récompenses, le professeur s'attire certaines inimitiés. Il savait tout cela... Mais en notre monde du théâtre ces petites querelles ne durent pas : aussi Alphonse Duvernoy avait-il été désigné par ses collègues pour les représenter au Conseil supérieur de l'École.

C'est qu'il avait, au plus haut point, le respect du Conservatoire et était fier de sa supériorité sur ceux de l'étranger. La tradition, telle qu'il la concevait, n'avait rien à voir avec la routine : la formule, naguère développée dans un inoubliable discours par un illustre grand maître de l'Université, M. Raymond Poincaré, était la sienne ; il partait de ce principe que le Conservatoire n'est pas une école d'originalité et d'inspiration, parce que l'originalité ne s'acquiert pas et parce que l'inspiration ne s'enseigne point. L'élève doit d'abord apprendre les règles de son métier, autrement dit l'orthographe ; puis, ces premières études finies, le maître se met, à son tour, à la besogne et cherche à développer les qualités naturelles de l'élève. Méthode rationnelle s'appliquant au piano, au chant ou à la comédie. N'était-ce pas celle de Gustave Worms, qui fut un si merveilleux professeur et forma tant d'élèves, tenant aujourd'hui au théâtre la première place ?

A ces séances du Conseil de l'École, je vis

Duvernoy à l'œuvre et j'estime que les professeurs ne pouvaient avoir un délégué plus avisé et plus sûr.

Il ne parlait que pour soutenir des causes justes : il m'arrivait souvent de le consulter, avant nos réunions, sur certains points de détails : sa parole claire, sa dialectique serrée, son amour de la lutte m'enchantaient : il eût été certainement un diplomate de premier ordre... Nul ne posait, en effet, la question avec plus d'à-propos et d'intelligence et nul ne la retournait avec plus de souplesse, s'il en était besoin. Ajoutez à cela qu'il apportait dans la discussion une urbanité parfaite et qu'il possédait cet art si rare de séduire à la fois ses partisans et ses contradicteurs. Il était bien difficile de ne pas se laisser charmer par tant de qualités...

Nous revivions, M. Taffanel et moi, avant-hier, au cimetière, l'existence si bien remplie de notre ami, et M. Taffanel me disait :

— Vous savez, vous, ce qu'il lui fallut de décision, d'énergie et de persévérance pour mettre debout notre Société de secours mutuels des professeurs du Conservatoire que nous venons de fonder. Cette victoire-là aura été sa dernière joie : nous ne la devons qu'à lui et rien qu'à lui. Il faut le répéter : aucun de nous n'eût été capable d'exécuter une pareille besogne, de mener à bien tant de démarches, et d'obtenir gain de cause. Depuis de longues années, cette idée le tourmentait : il n'admettait pas, lui si bon et si généreux, que les moins fortunés d'entre nous ne pussent trouver un appui et crier au secours. Moi, qui suis un de ses plus vieux compagnons de route, j'ai été, en cette circonstance, son modeste collaborateur : je le laissais dire, je le laissais faire, et j'étais certain de sa pleine réussite... Nous l'avions élu à l'unanimité président de notre Association et je vous réponds qu'il était digne de notre confiance.

Puis M. Taffanel s'arrêta un instant et reprit :

— C'était sa revanche et sa légitime revanche... Il y a quelques années, il avait vu un prix, que nous attendions tous pour lui, lui échapper à la dernière minute : il souffrit beaucoup de cette déconvenue.

Mon aimable interlocuteur ne disait que trop vrai. Cette déception-là lui fut cruelle. Un confrère, un ami sur lequel il comptait, l'avait — au dernier scrutin — abandonné, trahi et lui avait retiré sa voix. Il perdait ainsi son prix et prenait son parti d'être classé second... Mais ce qui lui paraissait inexplicable et douloureux, c'était cette subite défection. Qui sait, au fond, si cette « dernière minute » ne fut pas pour lui singulièrement décisive? Qui sait si, ce prix gagné et le succès d'*Hellé* à l'Opéra aidant,

Alphonse Duvernoy ne serait pas entré au palais Mazarin ? Combien de ceux qui en enfoncèrent les portes ne le valaient pas et ne possédaient pas des titres comparables aux siens !

Car Alphonse Duvernoy ne fut pas seulement un professeur, un musicien, un compositeur : il fut aussi, à ses heures, un excellent écrivain. Mon grand ami Léon Bernard-Derosne — qui, loin de Paris actuellement, a eu la tristesse de ne pouvoir lui offrir l'adieu suprême — fut longtemps son collaborateur à la *République française* de Gambetta... Pendant que Léon Bernard-Derosne traçait des silhouettes politiques qui resteront comme des chefs-d'œuvre du genre, pendant que Léon Gandillot, sortant de l'École centrale, inconnu et cherchant à placer sa première comédie, maniait supérieurement, en ce même journal, la plume du soiriste théâtral, Alphonse Duvernoy, lui, nous offrait, chaque lundi, un substantiel feuilleton musical, et sa critique juste, alerte, spirituelle, était unanimement appréciée.

— Il avait du talent, m'écrivait hier, du Lavandou, M. Ernest Reyer : c'était un bon ami très sûr : je l'aimais beaucoup.

Voilà un témoignage qui compte... Je crois tout de même, pour ma part, qu'il manqua à Alphonse Duvernoy un peu de cette Veine capricieuse dont nous ignorons les causes et

qui arrive au moment où on s'y attend le
moins... Sa supériorité intellectuelle, sa probité professionnelle, la souplesse de son talent,
lui permettaient de tout espérer...

Avril 1907.

Une Reprise

à la Comédie-Française

On a repris, à la Comédie-Française, ce fameux *Gendre de monsieur Poirier* qui compte aujourd'hui cinquante-trois printemps. Cinquante-trois ans, c'est un bel âge au théâtre. Le chef-d'œuvre d'Émile Augier et Jules Sandeau (je dis chef-d'œuvre, et je sens que les amateurs de tranches de vie vont m'infliger leurs malédictions) n'a, en réalité, jamais quitté l'affiche : de 1854 à 1864, il appartint, comme vous savez, au répertoire du théâtre de Madame, et depuis 1864 la Comédie-Française le représente couramment. Mes confrères en critique musicale nouvelle seront bien étonnés d'apprendre qu'il est un opéra-comique qui obtint les mêmes honneurs que *le Gendre de monsieur Poirier* et s'est obstinément maintenu sur l'affiche... Cet opéra-comique, âgé de

quatre-vingts ans, c'est le pauvre *Chalet*...
L'aimable Adolphe Adam qu'on malmena si
fort le jour où nous inaugurâmes sa statue à
Longjumeau, ville prétendue natale du Pos-
tillon, ne nourrissait certes pas de telles ambitions...

Donc on a remis à la scène ce bon Poirier :
on a refait sa toilette et on lui a donné, à lui et
à toute sa famille, les costumes du temps.
Mme Sarah Bernhardt avait procédé au même
rajeunissement pour *la Dame aux camélias. Le
Fils naturel,* revenu à la Comédie-Française,
après avoir passé quelques années à l'Odéon, a
subi un sort analogue... L'oncle Van Buck, du
délicieux *Il ne faut jurer de rien,* porte lui-
même d'élégantes perruques, des perruques
qui faisaient rêver Thiron...

— Quand, demandait à Perrin l'illustre sociétaire, jouerons-nous le Musset ainsi qu'il
doit l'être?... Nos habits de ville lui conviennent mal. Sa prose ailée exige autre chose.
Vous êtes un poète et vous ne comprenez pas
cela!...

Got, inoubliable abbé, et Delaunay, incomparable Valentin, ne se rangeaient pas à l'opinion de leur camarade : ils tenaient *Il ne faut
jurer de rien* pour une comédie, une vraie comédie, vivante et moderne, et Got, hochant la
tête, de s'écrier :

— Un abbé n'a pas de perruque, que diable!... Relisez le texte!... Cette comédie n'a pas besoin d'un coup de fion...

Bien des années ont passé, et Got, s'il était encore de ce monde, ne tiendrait peut-être plus le même langage. Got dans Poirier!... Got arborant son gilet de velours et déployant son immense mouchoir rouge! C'est toute notre jeunesse que nous revivons... Le mercredi et le samedi, les veilles de congé, étaient nos soirs de théâtre, et, dès l'aube, nous guettions le colleur d'affiches, qui nous apprenait la distribution officielle des pièces. A sept heures du soir, nous nous installions à la porte du bureau, nos parterres ne se délivrant pas à la location. Got dans Poirier!... Avec quelle solennité notre voisin de stalle, vieil habitué de la Comédie, nous jetait le « Ah! si vous aviez vu et Provost et Lesueur jouer Poirier! »

Il nous était bien difficile, à nous autres, élèves de quatrième du lycée Condorcet, qui avions aperçu Lesueur à la fin de sa carrière, aux matinées organisées par Montigny au Gymnase vers 1875, de répondre à de tels arguments. On nous accablait alors du traditionnel : « Ah! si vous aviez vu... » et nous ne comprenions pas que tous les comédiens peuvent être remplacés. Le « ce qui n'est plus » possédera toujours ce charme irrésistible dont nous nous

rendons mieux compte, hélas! à mesure que
les années marchent... « Pourquoi, écrivait
Théophile Gautier, ne pas être tout de suite,
quand il s'agit des interprètes de talent, de
l'avis de la Postérité? » Oh! la jolie boutade de
critique!...

Cette Postérité, telle que l'entendait Gautier, parlait naguère par la bouche de mon voisin de parterre : elle était du côté de Provost et
de Lesueur; celle d'aujourd'hui est pour Got, et
celle qui nous suivra vantera les comédiens
de l'heure présente... Ainsi va le monde... La
Postérité est une fort bonne et galante personne...

N'empêche que Got nous paraissait avoir
réalisé en Poirier l'idéal de la perfection... Il
nous expliqua un jour comment il était venu à
bout du rôle : il n'ignorait pas qu'il lui fallait
lutter contre le souvenir de ses deux prédéces-
seurs : Lesueur, créateur de la pièce au Gymnase; Lesueur, tonitruant Kirchef du *Fils de
famille,* portant un « kiosque » à la santé du
colonel, et Provost qui, en 1864, avait repris
le rôle à la Comédie-Française et jouait admirablement les financiers et les manteaux... Et
qui donc pourrait croire aujourd'hui que Got
se montra d'abord un Poirier hésitant et même
si inquiet qu'il songea à abandonner la lutte?
Heureusement, son auteur, son intime ami,

Émile Augier, lui rendait confiance; il lui conseillait d'oublier complètement ses deux devanciers et de composer le bonhomme selon sa nature et ses idées. L'avis était sage. Got déplaça, bouleversa tous ses effets, établit son personnage, s'en empara peu à peu et fit de Poirier un de ses rôles les plus complets. Le « Je ne saisis pas le rapport », le « Je suis ambitieux », le « Tous les enfants sont des ingrats... Mon pauvre père avait raison! » lancés par Got, sont devenus classiques. Un Poirier aussi magistralement campé avait donc passé par de pareilles secousses? Nous courûmes aux renseignements chez l'Oracle, et l'Oracle c'était Sarcey...

Sarcey nous confirma l'exactitude de ces faits : suivant lui, les comédiens de l'espèce de Got peuvent seuls modifier du tout au tout l'exécution d'un personnage et se permettre de telles libertés. N'est-ce pas du reste Got qui, toujours d'après ces principes, proclamait qu'avant la vingtième représentation il est impossible à n'importe quel artiste de tenir parfaitement un rôle?... Il avait même soin d'ajouter que, pour réussir au théâtre, l'intelligence n'est pas indispensable. Étrange et amusant paradoxe que notre doyen se fût bien gardé de soutenir s'il n'avait été lui-même un homme d'une intelligence supérieure!

Got jouait Poirier, Delaunay le marquis de Presles, et notre voisin, vigilant représentant de la Postérité, de reprendre : « Ah! si vous aviez vu Bressant! » Nous avions entrevu Bressant, et aussi Mme Favart, une des premières comédiennes de notre temps, et Barré, notre cher Barré, superbe Verdelet. Mais le « Si vous y aviez vu Bressant! » sonnait faux à nos oreilles... Delaunay, qui idéalisait Perdican, Fortunio, Valentin et aussi Horace de *l'École des Femmes*, Lélie de *l'Étourdi*, Acaste du *Misanthrope*, Clitandre des *Femmes savantes*, Valère et Damis de *Tartufe*, et le Dorante du *Menteur* de Corneille, et le Mario du *Jeu de l'Amour* de Marivaux et *la Métromanie* de Piron, ne pouvait pas, ne devait pas être comparé à Bressant!... Nous ne pouvions l'admettre... Nos anciens, de leur côté, ne supportaient pas qu'on profanât le nom de Bressant, du radieux interprète des *Caprices de Marianne* et du *Misanthrope*, de l'impeccable Almaviva du *Barbier* et du *Mariage!*... Ils affirmaient même qu'en ce rôle du marquis de Presles Bressant l'emportait sur Delaunay.

Assurément Bressant et Delaunay comptent parmi les plus glorieux artistes de notre premier théâtre. J'incline tout de même à penser que Delaunay fut plutôt que Bressant un artiste de style... Delaunay était un amoureux

et un amoureux dans toute l'acception du mot ;
Bressant était, lui, un grand jeune premier :
Delaunay était avant tout un classique et Bressant un moderne… Reste à savoir si le comédien qui attache son nom à tant de personnages
du répertoire n'est pas supérieur à l'interprète
moderne, même le plus parfait. Vieille et inextricable question !… Nous avons vu, ces jours-ci,
Mme Bartet tour à tour en Armande et en Francillon : ici et là elle est sans rivale, et quelques-
uns — heureusement ! — donnent encore la
préférence à l'impeccable et radieuse interprète
des *Femmes savantes*.

Barré jouait alors Verdelet… Barré, à qui
Émile Perrin et son comité refusèrent impitoyablement et pendant si longtemps, comme à
Mme Pauline Granger, le sociétariat !… Barré,
qui interprétait avec tant de naturel et de bonté
Chrysale, Argan, Diafoirus, Antoine du *Phi-
losophe sans le savoir* et du *Mariage de Victorine*,
On ne badine pas avec l'amour, et Verdelet et Van
Buck, déjà nommés !… Thiron jouait le cuisi-
nier Vatel… Thiron, artiste hors de pair, à
qui, férocement et sous de mauvais prétextes,
on refusait l'entrée en ce même comité !
Mme Sophie Croizette triomphait, éclatante de
beauté, en Antoinette… Le créancier Chevassu
était représenté par le brave Chéry, comédien
laborieux et excellent, rompu aux répertoires de

tragédie et de comédie, et c'était M. Laroche qui succédait à Frédéric Febvre dans le rôle de Montmeyran, créé au Gymnase par Adolphe Dupuis et repris à la Comédie par Lafontaine... Que de souvenirs!... Combien d'Antoinettes nous avons applaudies depuis Mmes Favart et Sophie Croizette! Mmes Blanche Barretta, Émilie Broisat, Julia Bartet, Renée Du Minil... J'en passe, peut-être.

J'ai revu la pièce. Elle n'a pas bougé et supporte le mieux du monde et les années et les perruques chères à Thiron... J'ajouterai — et je ne veux citer aucun nom, ceci n'étant pas mon affaire — que certains comédiens d'aujourd'hui pourraient être, sans désavantage, comparés à leurs devanciers... Qu'aurait dit mon voisin de parterre, dont la place est vide maintenant, et que va dire la Postérité?...

Une œuvre qui à l'âge de cinquante-trois ans enchante le public et continue à réaliser des recettes dépassant six mille francs jouit d'une santé robuste... Et on les compte, les pièces qui résistent à une pareille épreuve, n'en déplaise aux injustes détracteurs d'Émile Augier...

Avril 1907.

A Gabrielle Réjane

Chaque soir, vous triomphez dans la brillante et spirituelle comédie d'Emmanuel Arène et Francis de Croisset, *Paris-New-York*, et, non contente de ce succès, vous formez, directrice prévoyante, une troupe d'ensemble ; vous constituez un répertoire solide ; sagement, vous reprenez les anciennes traditions : c'étaient les bonnes.

Cette école — l'école de Montigny, répètent non sans mélancolie nos anciens — avait bien des avantages, et je ne vois pas pourquoi nos directeurs, vos collègues, n'y reviendraient pas. Est-il vraiment si difficile d'avoir cinq ou six ouvrages toujours prêts, toujours sus, jamais démontés, et de ne pas engager les artistes « à la pièce » ? Nous savons, vous et moi, ce qu'il faut penser de cette fameuse crise théâtrale

derrière laquelle s'abritent quelques impresarii
maladroits. L'état des recettes de la saison présente atteste qu'elle n'existe que dans leurs cer-
veaux inquiets, et la vérité — il convient tout
de même de la dire quelquefois! — est que le
théâtre est à Paris plus prospère que jamais.
Oh! nous n'ignorons certes pas que le pauvre
Palais-Royal [1] — ce Palais-Royal où, aux soirs
glorieux de *Ma Camarade*, vous étiez la partenaire de Daubray, de Raimond, de Hyacinthe
et de Mathilde — reste clos, et cela à l'entière
stupéfaction de nos hôtes qui s'y dirigeaient naguère instinctivement... Mais si le Palais-Royal
n'est plus ce qu'il était, combien de nouvelles
scènes ont été inaugurées en ces dernières années! Il serait piquant d'en dresser la liste, et
de prouver, par des statistiques précises, que
l'amour du Parisien pour le théâtre, loin de diminuer, augmente encore. La cherté du prix
des places, la prétendue infériorité des œuvres
nouvelles, le petit jeu des comparaisons des interprètes d'aujourd'hui avec ceux du temps
passé, la longueur des entr'actes, l'incommodité
des salles de spectacles, les malédictions aux
placeurs, aux ouvreuses et aux contrôleurs, le
rétablissement ou la suppression des répétitions

1. Le Palais-Royal, fermé durant quelques semaines, vient
de rouvrir ses portes sous la direction intelligente de M. Eugène Héros.

générales, l'action de la critique sur le succès ou l'insuccès d'un ouvrage dramatique, la fameuse évolution des genres, tout cela ne fait rien à l'affaire. Ce qu'il faut, et vous l'avez compris, c'est avoir une méthode et ne pas s'en départir.

Il ne vous suffisait pas de transformer une salle de concert en un théâtre grand, confortable et élégant; vous vouliez immédiatement, dès la première heure, présenter un programme et, sans vous soucier des mille difficultés du début, l'appliquer... Ceux qui savent votre admirable entendement des choses du théâtre et votre si parfaite probité professionnelle se doutaient bien que vous offririez le bon exemple : mais je puis aujourd'hui vous avouer que monter deux grands ouvrages inédits, remettre à la scène, au milieu des répétitions, des représentations et des essayages, une demi-douzaine de pièces, toutes excellemment jouées, et nous rendre ce rayonnant chef-d'œuvre du théâtre contemporain, *la Course du flambeau,* de Paul Hervieu, constitue un extraordinaire tour de force qu'une *impresaria* telle que vous ou Mme Sarah Bernhardt peut seule réaliser.

Et voilà comment, ne vous ayant pas aperçue depuis le jour où vous donniez aux architectes vos dernières instructions, j'éprouve le besoin de joindre mes félicitations à celles de mes con-

frères. Seulement, moi je ne suis pas du tout
surpris, par la raison que je vous vis souvent à
la tâche, véritable organisatrice de victoires.
Faisons le compte, si vous y consentez, et cau-
sons tous les deux...

C'est chez l'Oncle — toujours l'Oncle! —
que j'eus l'honneur de vous être présenté. Les
déjeuners de l'hôtel de la rue de Douai, gentils,
cordiaux et gais, valaient infiniment mieux que
la légende qui se créa autour d'eux. De savou-
reux hors-d'œuvre, le copieux ragoût aux
pommes, l'immense rizotto, des desserts variés,
tel était l'hebdomadaire menu. Nous étions une
quinzaine autour de la table hospitalière, directeurs, auteurs, journalistes, comédiennes, tous
gens de théâtre se connaissant, s'aidant, s'esti-
mant et s'aimant; nous étions heureux de nous
retrouver là, chaque semaine, en pleine confiance. Vos apparitions chez l'Oncle étaient
rares : vous répétiez l'après-midi, vous jouiez
le soir et vous trouviez encore le moyen d'organiser, aux Mirlitons, de superbes représentations. Vous étiez — l'impresaria sommeillait
en vous — pensionnaire du Vaudeville; Raymond Deslandes, qui le dirigeait, avait réussi
— l'école de Montigny! — à constituer une
troupe merveilleuse : Mmes Julia Bartet, Blanche
Pierson, Alexis, Maria Legault, MM. Adolphe
Dupuis, Delannoy, Parade, Pierre Berton,

Saint-Germain, Dieudonné, Boisselot, Train...
Quant à vous, qui y aviez si brillamment débuté,
à votre sortie du Conservatoire, votre second
prix de comédie sous le bras, vous marquiez
désespérément le pas. Nous avions beau, nous
vos amis, redire sans cesse et sur tous les tons
à Deslandes que vous étiez une étoile de première grandeur.

— Je suis bien de votre avis, répondait invariablement l'aimable homme... Mon malheur,
c'est que je n'ai pas de pièce pour elle!...

Son malheur, c'était le vôtre, c'était le nôtre,
c'était celui du public... Par bonheur, Eugène
Bertrand, tout en dirigeant les Variétés, ne se
désintéressait pas des destinées du Vaudeville :
plusieurs théâtres de Paris se trouvaient être,
vous vous en souvenez, entre les mains d'un
véritable syndicat plus terrible que tous les
trusts, et l'artiste qui ne plaisait pas aux directeurs syndiqués prenait vite le train et gagnait
la province. Donc Eugène Bertrand, dénicheur
d'étoiles, croyait en vous : il vous engagea aux
Variétés pour y jouer le très amusant acte de
Fabrice Carré, *la Noce P.-L.-M.*, en compagnie
de Christian, et aussi, si je ne me trompe, une
scène de revue. Votre réussite fut complète, et'
les illustres comédiens du théâtre de Bertrand,
Dupuis, Baron, Lassouche, Christian, Léonce
et Cooper, déclarèrent solennellement que la

petite Réjane du Vaudeville avait « la note des Variétés » et n'était pas indigne de jouer la comédie à leurs côtés. La note des Variétés ! Songez-y… Ce certificat, signé par des juges aussi graves, n'était assurément pas banal, et j'entends encore notre brave José Dupuis murmurer, le soir de la première de *Monsieur Betsy* aux Variétés :

— Je te l'avais bien dit, moi, ma petite Réjane, que tu étais tout simplement une très grande comédienne !…

Le bon José voyait juste, mais il retardait… Nous n'avions pas attendu, nous, aussi longtemps pour vous rendre cet hommage. Vous aviez, avant *Betsy*, créé bien des rôles, et tout d'abord *Décoré*, entre le même José Dupuis et Baron ; vous aviez ensuite joué *Ma Cousine*, que vous venez d'annexer à votre répertoire : bref, nulle comédienne n'avait compris et rendu avec autant d'art, avec un goût plus parfait, une mesure plus discrète et, pour tout dire, avec plus de nuances, l'adorable théâtre de Meilhac et Halévy. Nous avions même eu, nous, la joie de vous entrevoir, à une répétition de tournée, sous les traits de cette délicieuse *Froufrou* que vous ne nous avez jamais donnée à Paris… Vous idéalisiez ce personnage, tant vous y apportiez d'esprit et de fantaisie, de charme et de poésie. Vous nous présentiez là — ceci n'est qu'une redite — l'image fidèle de nos mœurs, de nos sentiments et de nos inconsciences, et nous retrouvions, en ce que vous contiez, disiez et exécutiez si joliment, le tour de pensée et de langage des Parisiennes, vos sœurs...

Vous étiez alors loin du Vaudeville de Raymond Deslandes, et José Dupuis ne savait pas que vous aviez passé les ponts et créé en Odéonie la mémorable *Germinie Lacerteux*. Réjane à l'Odéon ! Réjane, la rayonnante interprète de Meilhac et Halévy, Réjane, la Parisienne de Becque, jouant Germinie ! On vous criait gare, et vous remportiez une magnifique victoire... La petite Réjane devenait une grande artiste, et, quoi qu'en prétendît José Dupuis, pour l'interprète de *Germinie Lacerteux* l'écuyère de *Betsy* n'était qu'un jeu...

Je me garderai bien d'énumérer vos rôles. Vous vous plaisez à passer du drame à la comédie et à aborder indistinctement tous les genres. C'est ce qu'on appelle jouer la difficulté. Dumas, qui raffolait de vous, s'écriait, le lendemain d'*Amoureuse* : « Elle nous trompe tous, cette Réjane ! » Il marquait ainsi l'extraordinaire souplesse de votre talent. Puis, comme on lui demandait si l'artiste qui sans cesse varie sa manière n'est pas, à tout prendre, supérieur à celui qui, toujours égal à lui-même et toujours parfait, se confine dans les mêmes rôles, autrement dit dans le même emploi...

— Question inextricable, reprenait Dumas. Diderot l'a posée et ne l'a pas résolue, car son *Paradoxe sur le comédien* ne nous apprend rien du tout... Moi, qui vous parle, j'ai dix fois changé d'opinion. Tantôt je suis avec les artistes qui se renouvellent, tantôt j'en tiens pour les autres... Mes *Préfaces* et mes *Entr'actes* sont bourrés de ces contradictions... Que voulez-vous? Tout est impression au théâtre... L'essentiel, qu'on soit créateur ou exécutant, qu'on répète un rôle devant ses camarades ou qu'on le joue devant le public, l'essentiel c'est de « croire que c'est arrivé », et je vous affirme que cette diable de comédienne, qui a enlevé dans un pareil mouvement ce frémissant second acte d'*Amoureuse*, est une rude artiste... Depuis la mort de ma pauvre Aimée Desclée, je n'en ai pas rencontré beaucoup de cette espèce-là!... Ah! la mâtine!

Cette diable de comédienne, cette mâtine-là, c'était vous, ma chère amie... J'assistais autrefois à ces premières répétitions de débrouillage auxquelles vous consentiez à m'admettre. Vous cherchiez votre rôle, vous le creusiez, vous le fouilliez : j'écoutais, j'admirais, et je me rendais compte de ce que coûte de travail une intonation, un mouvement, un jeu de scène, un geste, un sourire, un cri. Que de doutes et que de luttes pour traduire fidèlement la pensée de l'écrivain et pour s'emparer du spectateur! Ah! les inoubliables leçons de théâtre!...

L'*impresaria*, je le sais, ne renie pas ces principes, et c'est pour cela que nous vous remercions d'avoir créé un théâtre de répertoire et d'ensemble, et d'avoir ainsi accompli de la très utile besogne... « A Gabrielle Réjane », ai-je écrit en tête de cet article, et non « A Réjane »... Excusez-moi... Réjane, c'est la glorieuse comédienne, c'est la directrice signant des traités, brassant des affaires, promenant *Madame Sans-Gêne* et tous ses succès à travers les deux mondes... Gabrielle, c'est la petite pensionnaire de Deslandes, c'est la mâtine de Dumas, c'est l'amie exquise... J'admire Réjane de toutes mes forces et de tout mon cœur... Qu'elle ne m'en veuille pourtant pas si je lui préfère Gabrielle...

Avril 1907.

André Theuriet au théâtre

M. André Theuriet, qui vient de mourir, appartenait-il à la Société des auteurs dramatiques? Je l'ignore... Il faut pour obtenir cet insigne honneur avoir fait plusieurs pièces de théâtre. Or, vous savez qu'André Theuriet, romancier éminent et successeur de Dumas à l'Académie française, n'aborda la scène que trois fois : la première avec *Jean-Marie*, créée par Mme Sarah Bernhardt et M. Porel; la seconde, avec *la Maison des Deux Barbeaux*, jouée à l'Odéon; la troisième, avec *Raymonde*, que la Comédie-Française monta il y a exactement vingt ans... Comment André Theuriet n'avait-il pas été attiré vers le théâtre après le grand succès de *Jean-Marie?* En ses jolies *Impressions d'Enfance* il s'est chargé de répondre lui-même à la question.

Devant le spectacle qui se montrait à ses yeux écarquillés d'enfant, les choses surtout l'impressionnaient ; quant aux personnes, elles ne l'intéressaient aucunement : les figures des gens qui l'entouraient lui apparaissaient vagues et superficielles ; il voyait, au contraire, très clairement, les châtaigneraies de la forêt et gardait dans l'oreille le bruit mat des marrons qui tombaient sur la mousse...

— Oui, me contait hier M. Victorien Sardou, elle est d'une rigoureuse exactitude, cette scène que mon ami Jules Claretie a esquissée d'un trait si pimpant et si alerte : elle dépeint et découvre André Theuriet... Nous étions trois, lui, Mme Alexandre Dumas fils et moi, en train de déjeuner sous les ombrages du parc de Marly... Nous entassions les anecdotes et nous nous appliquions à faire connaître Dumas à Theuriet... Et lui, le bon Theuriet, tout entier à ses rêveries, se souciait peu de nous écouter et contemplait la petite fleur qui, discrètement, émergeait au milieu des branches...

M. Sardou reprend alors la scène : il l'ajuste, il la modernise ; il place ses personnages, il les déplace, il les replace : tout y est, jusqu'au décor, et me voici, moi, transporté à Marly, séduit par ces récits si pittoresques, si pleins de vie et de mouvement... Je ne cesserai de vous le redire, ô mes jeunes et trop graves confrères, je

ne sais rien de plus attrayant, de plus irrésistible, qu'une leçon de théâtre donnée par cet
étonnant magicien... George Sand, André Theuriet, le roman, le théâtre, la synthèse du dramaturge, l'analyse du romancier, tous les sujets
passent et repassent alors, supérieurement traités; puis, tout à coup, M. Sardou s'arrête : il
ouvre une parenthèse, il jette un souvenir et
il reprend sa course... On voudrait transcrire
tout ce que conte avec tant de sûreté, d'esprit et d'art, cet homme admirable, unique,
qui s'amuse en même temps qu'il instruit les
autres...

— Et puis, poursuit M. Sardou, il y a une
comédienne qui pourrait vous renseigner sur
Theuriet dramaturge. C'est notre amie Blanche
Barretta, qui créa *Raymonde*. Une artiste qui a si
parfaitement interprété George Sand devait être
naturellement l'interprète d'André Theuriet...
Blanche Barretta... *Daniel Rochat*... Ce sont de
bons souvenirs...

Je suivis le conseil et j'allai — interviewer
fâcheux — frapper à la porte de mes amis
Worms.

La charmante famille était à table... Pressé,
essoufflé, j'indiquai le but de ma visite. Le
maître de la maison, sceptique impénitent,
sourit... J'étais, moi, plein de mon sujet... La
brochure de *Raymonde*, la dédicace, les répé-

titions, les historiettes, je voulais tout savoir…

— L'écueil, fit Mme Barretta-Worms, c'est que *Raymonde* n'a pas une longue histoire. Febvre monta la pièce, et Le Bargy et Féraudy, alors nouveaux sociétaires, furent, avec lui et moi, chargés des principaux rôles… *Raymonde* eut beaucoup de succès le soir de la première : elle en aurait eu plus encore si elle n'avait été donnée dans des conditions spéciales, le lendemain même de l'incendie de l'Opéra-Comique. Je ne connaissais André Theuriet que par ce que j'avais lu de lui et aussi par le bien qu'en disait Mme Sand. Lui, cela était visible, ignorait le théâtre et ses coulisses, ce que nous nommons, nous, le « plateau ». Vous vous rappelez le décor du second acte représentant « la campagne »? Là, André Theuriet était heureux, foncièrement heureux : il revivait sa vie, il revoyait ses personnages : le poète reprenait ses droits… Je ne pouvais m'empêcher de lui faire remarquer que Mme Sand comprenait le théâtre comme lui et l'aimait surtout pour les souvenirs qu'elle y retrouvait.

Ce nom de « Madame Sand » (je vous l'ai expliqué à cette place) revient sans cesse sur les lèvres de sa fidèle filleule… On sent que Mme Barretta-Worms, adorable et inoubliable interprète classique de Rosine, d'Henriette, d'Angélique, et aussi de Victorine et de Caroline de Saint-Geneix, vénère ce théâtre de rêve et de poésie, et qu'elle en comprend, mieux qu'une autre, la tendresse et la mélancolie, tout en sachant très bien que les personnages de « Madame Sand » sont, transportés sur la scène, meilleurs qu'ils ne sont dans la triste réalité... Worms, lui, écoute, approuve ces théories sur le théâtre optimiste, et le plus simplement du monde reprend :

— J'ai joué des centaines de rôles : j'ai vu à l'avant-scène bien des auteurs. Ceux-ci veillaient eux-mêmes aux moindres détails d'exécution, ceux-là se fiaient à nous et nous laissaient faire. Et savez-vous celui qui m'a le plus profondément impressionné? C'est Renan, quand, naïf, indulgent, cordial, il assista aux répétitions de sa pièce. Elle ne comportait qu'un acte, qu'un tableau... Je jouais, moi, Voltaire, et nos anciens, sur la demande expresse de l'administrateur général, avaient tenu à honneur de paraître et de figurer... Renan semblait, lui, tout joyeux de vivre sur une terre inconnue et de se promener au milieu d'un monde nouveau pour lui. Le spectacle était particulier et vraiment grand. Un homme de cette dimension, un géant comme celui-là, se mêlant à nous autres, pauvres amuseurs, ça ne se voyait tout de même pas tous les jours !... Il est probable qu'à son tour Theuriet, installé sur le plateau de la Comédie, passa par les mêmes émotions...

N'est-ce pas que ce langage est celui d'un homme qui met au point la lunette théâtrale et ne se méprend ni sur la « dualité » du comédien ni sur les illusions et les mensonges de la scène?... Mme Worms, revenant à *Raymonde*, me confiait que, quelques années après les représentations de la pièce à la Comédie-Française, elle avait, à la Bodinière, accompagnée — c'est le mot — par Auguste Dorchain, conférencier, débité les poésies de Theuriet. Le succès fut énorme : on acclama *le Loriot* et *A ma Payse*, et, ce jour-là, le « romancier brave homme » connut les joies du vrai triomphe...

Il ne me restait plus qu'à prier mon ami Auguste Dorchain de me fournir quelques renseignements complémentaires... Voici la charmante lettre qu'il m'adresse :

Paris, 27 avril 1907.

« Mon cher ami,

« Oui, j'aimais André Theuriet d'une affection profonde ; et si vous me demandiez de vous parler de celui qui fut, en prose et en vers, un si délicieux et si émouvant poète de la vie forestière et des intimités provinciales, j'en aurais long à vous dire. Mais, sur l'homme de théâtre, je ne saurais vous apprendre grand'chose.

19.

« Pourtant, il y a peu de semaines, lorsque je me promenai pour la dernière fois avec lui dans les allées de son jardin, autour de la pelouse où il me faisait remarquer que quelques pieds de primevère, laissés dans le gazon, ne tarderaient pas à fleurir, c'est de théâtre que nous parlâmes, à propos d'un de ses romans qui me semblait contenir un sujet de drame. C'était son avis, il avait même un instant songé à en établir le scénario ; mais il avouait que la construction scénique et la mise en dialogue d'un sujet quelconque le sortaient trop de ses habitudes de travail. Et puis il fallait voir des directeurs, styler des comédiens, affronter le public. On est si tranquille, assis devant sa table, quand on écrit chaque jour, sans s'inquiéter d'aucune réalisation matérielle, quelques pages d'un conte médité amoureusement et auquel des lecteurs inconnus, dont on n'aura pas à scruter les visages, se plairont peut-être à leur tour !...

« Et nous ébauchâmes un vague projet, sur lequel nous devions revenir bientôt... Ce « bientôt » est devenu un « jamais ». Quelle mélancolie !

« Malgré son peu de souci du théâtre, Theuriet restait très fier du succès inépuisable de *Jean-Marie*, qui, depuis trente-huit années, était, avec *le Passant*, l'acte en vers le plus grand nombre de fois représenté, bien que, jusqu'à l'époque récente où il fut joué à la Comédie-Française, il n'eût fait partie du répertoire d'aucun théâtre. Les droits d'auteur de ce poème, me disait-il, lui fournissaient une rente très régulière et assez notable.

« J'assistais à la première de *Raymonde*, cette délicieuse comédie qui ne réussit point autant qu'elle le méritait. Pourquoi la salle fut-elle si froide ou plutôt si distraite ? C'est que l'incendie de l'Opéra-Comique datait de la semaine précédente ; qu'aucune première n'avait été donnée depuis ; qu'on n'était point entré sans appréhension au Théâtre-Français et que, de l'orchestre aux dernières galeries, on ne songeait qu'à la catastrophe récente et au danger possible. Tout le long de la pièce, on regarda le lustre, on chercha des yeux les portes... Ce fut une impression très particulière et qui m'est restée.

« Mme Barretta-Worms aura, certainement, des souvenirs beaucoup plus précieux à vous raconter. Dans le rôle de Raymonde elle fut exquise. D'ailleurs n'était-elle pas l'incarnation, non seulement de ce rôle, mais de la Muse même d'André Theuriet, toute sincère et naturelle, à la fois honnête et hardie, sérieuse et souriante, pleine de santé morale et pleine de grâce, une Muse toute française ?

« Voilà, mon cher ami, ce que je me rappelle dans la tristesse où je reste à la pensée du bon et charmant maître disparu.

« De cœur, votre

« AUGUSTE DORCHAIN. »

Il n'y a rien à ajouter à ces lignes toutes pleines d'une infinie tendresse et d'une filiale admiration. M. Victorien Sardou qui fut le parrain de Theuriet, Mme Barretta-Worms qui fut son interprète, M. Auguste Dorchain qui fut son disciple et son ami, ont consenti à m'offrir leurs précieux témoignages. Un seul manque, celui de Frédéric Febvre, le metteur en scène de *Raymonde*... Mais je compte bien que, dès son retour de Sicile, notre ami rassemblera ses souvenirs sur André Theuriet dramaturge...

Mai 1907.

A propos

de « Monsieur Alphonse »

Tout a été dit, ou à peu près, sur *Monsieur Alphonse* qui vient de s'installer au répertoire de la Comédie-Française. On a pourtant oublié de conter par quel heureux hasard l'œuvre de Dumas eut, pour la première fois, en 1878, l'honneur de la reprise. Le Vaudeville était alors en pleine prospérité, le Gymnase en plein désarroi. Montigny, qui fut un si merveilleux directeur, se décourageait : il voyait ou plutôt il laissait partir les premiers artistes de son théâtre : la dislocation de la troupe était telle que M. Sardou, faute d'interprètes, porta à Raymond Deslandes, directeur du Vaudeville, ses *Bourgeois de Pont-Arcy,* sur lesquels Montigny fondait tant d'espérances.

Montigny était navré : il avait monté avec

éclat *Fernande* et *Séraphine;* il avait aussi monté *Ferréol* et beaucoup d'autres œuvres de M. Sardou : il lui fallait cependant bien se rendre à l'évidence et constater — grandeur et décadence directoriales! — que M. Sardou avait toutes les raisons de reprendre le chemin du théâtre de *Maison neuve,* des *Ganaches,* de *Rabagas,* de *Nos Intimes* et de *l'Oncle Sam.* Les artistes du Vaudeville s'appelaient alors Julia Bartet, Blanche Pierson, Céline Montaland, Mary Kalb, toutes les quatre futures sociétaires de la Comédie-Française; Mme Alexis, duègne hors de pair, dont Mme Daynes-Grassot est l'héritière; Léontine Massin, qui devait bientôt nous camper la tragique *Nana;* la charmante Marie Delaporte, et Mlle Lamare, une gentille soubrette morte prématurément...

Quant aux comédiens, c'était Pierre Berton qui tenait avec un rare bonheur l'emploi des jeunes premiers; c'était Dieudonné, successeur de Félix, et spirituel Desgenais (les Desgenais qu'on malmène aujourd'hui étaient, à cette heure-là, fort appréciés); c'était Parade, artiste de la vieille école qui témoignait une prodigieuse souplesse de talent et se montrait aussi parfait dans *les Ganaches* que dans le dramatique Laroque du *Roman d'un jeune homme pauvre;* c'était Delannoy, Train, Joumard; c'était notre délicieux Boisselot... Et j'oublie

Gabrielle Réjane, qui, lasse d'attendre, faisait de petites fugues aux Variétés d'Eugène Bertrand et au Palais-Royal de Briet. Seul Saint-Germain — ah! le superbe et inénarrable Pétillon de *Bébé* qu'il dessina d'un trait si large! — entrait alors chez Montigny.

Les Bourgeois de Pont-Arcy furent joués au Vaudeville par cette troupe unique. La pièce, très amusante, fut acclamée, et M. Sardou triompha sur toute la ligne. Une nouvelle série, aussi heureuse que la précédente, commençait pour lui au Vaudeville avec *Odette*, *Dora*, *Fédora*, *Georgette* et *Marquise*. J'en passe... C'était la troisième série... La quatrième fut celle de *Madame Sans-Gêne*.

Tandis que *les Bourgeois de Pont-Arcy* se donnaient cent cinquante fois de suite, *Monsieur Alphonse* était repris au Gymnase par Montigny, et, en dépit des prévisions pessimistes, la pièce produisait plus d'effet que lors de son apparition.

J'eus le plaisir d'assister à cette reprise. Je suivais alors le cours de rhétorique du lycée Condorcet, et notre professeur, M. Talbot, — section française! — nous recommandait, en un langage imagé, d'aller puiser au Gymnase de fortifiantes leçons de morale : M. Gidel, notre autre professeur, — section latine! — était d'un avis diamétralement opposé. Suivant lui, Corneille, Racine, Molière, devaient être les seuls guides des rhétoriciens et la Comédie-Française leur seul refuge... D'où conflit entre nos deux maîtres... Cette bataille littéraire prit fin grâce à l'heureuse et bienfaisante venue de M. Aderer, qui remplaça le sévère M. Gidel, promu au grade de proviseur à Louis-le-Grand. M. Aderer, le père de notre très distingué confrère du *Temps*, avait l'esprit trop large et le goût trop sûr pour ne pas octroyer à ses disciples — souvenez-vous-en, mon cher docteur Widal! — toutes les permissions de théâtre...

— Allez voir *Monsieur Alphonse*, s'écriait-il, je ne connais pas, après Molière, de plus beau théâtre que celui-là...

A dix-sept ans applaudir *Monsieur Alphonse!* C'était une révolution que notre maître accomplissait dans nos familles... Nos parents étaient stupéfaits... Nous courûmes donc au Gymnase pour applaudir, avec quel enthousiasme, vous le devinez, l'œuvre et les interprètes. Je n'avais plus, moi, qu'un désir : connaître l'auteur de *Monsieur Alphonse*, lui parler, l'entendre, l'entrevoir... Lorsque, longtemps après la soirée de 1878, j'eus l'honneur de lui être présenté par Madeleine Brohan, je lui rapportai les propos de nos maîtres de rhétorique.

— Que n'êtes-vous venu me conter dix ans plus tôt toutes ces histoires!... Vous ne songez pas que mon *Monsieur Alphonse* arrivait quelques mois après cette *Femme de Claude* si chavirée, si cahotée, et qui n'en reste pas moins ma pièce préférée. J'ai tâché, abondant préfacier que je suis, d'expliquer mon cas... Je ne savais plus ni où j'en étais, ni ce que le public, lui, demandait. Je n'avais autour de moi que des admirateurs indiscrets ou bien des amis maladroits. Il y avait encore les gens de théâtre, mais il faut se méfier, allez! des « gens de théâtre »! Ils travaillent une pièce durant six longues semaines, ils ne vivent que pour elle, ils ne songent qu'à elle, et à l'instant précis où le combat s'engage ils n'y comprennent plus rien du tout, et l'auteur reste là penaud, livré en pâture au public, arbitre suprême... Vraiment, existe-t-il un métier plus dur que le nôtre? Nous sommes jugés, condamnés et exécutés en trois heures, et ce verdict est souverain. Mais c'est horrible, quand on y pense... Avouez que le dramaturge est un véritable martyr!

Dumas, aimable et plein de verve, continuait... Il se livrait à des considérations fort ingénieuses, bien que légèrement paradoxales, sur la « taille » des comédiens... Il déclarait que si M. Pujol, le créateur de Montaiglin, avait fait passer — ce fut son expression — le personnage, c'est parce qu'il était grand et long, et avait idéalisé, physiquement du moins, ce marin, bon jusqu'au ridicule et répandant autour de lui un peu de poésie...

M. Rameau, qui interpréta Montaiglin lors de la dernière reprise à l'Odéon, avait été désigné à MM. Marck et Desbeaux par Dumas lui-même. Comme M. Pujol, et aussi comme M. Devaux, un comédien très adroit qui tint le rôle en 1889 au Gymnase, M. Rameau était long, froid, sec, et donnait bien, quand il entrait en scène, l'impression du personnage rêvé par l'auteur. M. Romain reprenait Alphonse, qu'il avait déjà joué au Gymnase après Frédéric Achard : il était alors « le beau Romain » et s'était fait une place honorable aux côtés de Dumaine, de Taillade, de Lacressonnière et de Marie Laurent, glorieux protagonistes du drame agonisant. Il était plutôt un acteur de drame qu'un comédien : il s'acquitta pourtant intelligemment de sa tâche et nous campa un Alphonse élégant, libertin, vicieux et inconscient. Mme Aimée Tessandier interprétait Mme Guichard ; à mon sens, on ne lui rendit pas suffisamment justice. Certes, nous avions tous gardé un aimable souvenir de Suzanne Lagier et de Mme Desclauzas qui, toutes deux, procédaient, paraît-il, directement de la créatrice, l'illustre Alphonsine. Mme Tessandier, la si curieuse interprète de *l'Affaire Clémenceau* et de *l'Age ingrat,* fit autre chose que ses devancières : elle fut moins ronde que Suzanne Lagier et moins avenante que Mme Declauzas; mais elle fut plus vraie.

*   *
*

Que de souvenirs et quel dommage que *Monsieur Alphonse,* le *Père Prodigue* et ces admirables *Idées de Madame Aubray,* ne soient pas couramment représentés!... Seule, la Comédie-Française possède un répertoire solide et garde à nos dramaturges le rang qu'ils méritent. En nous rendant tour à tour *Marion Delorme* et *Monsieur Alphonse,* elle honore Hugo et Dumas et — notre ami et éminent collaborateur Emmanuel Arène l'écrivait très judicieusement — elle s'honore elle-même. Là est la force, là est aussi la gloire de notre première scène. Et si, à mon tour, je félicitais ici Mme Réjane d'avoir reconstitué un répertoire et une troupe, c'est qu'en dépit des inévitables difficultés de la première heure elle reprend fidèlement et vaillamment les saines traditions d'autrefois. Sans répertoire, sans troupe d'ensemble, il n'est pas, je ne cesserai de le redire, de vrai théâtre... C'était la formule de Monti-

gny, c'était celle de Sarcey, c'était celle de Dumas...

Auteurs, critiques, directeurs, tous étaient
d'accord sur ce point... C'est encore aujour-
d'hui la devise chère à ceux qui aiment le
théâtre et qui s'appliquent à le faire aimer...

INDEX

DES NOMS CITÉS DANS CE VOLUME

M

TABLE

Achevé d'imprimer

le vingt-deux février mil neuf cent huit

PAR

ALPHONSE LEMERRE

6, RUE DES BERGERS, 6

A PARIS

1-3. — 4644.

LIBRAIRIE ALPHONSE LEMERRE

DERNIÈRES PUBLICATIONS

Volumes in-18 jésus. Chaque volume : 3 fr. 50

Paris. — Imp. A. Lemerre, 6, rue des Bergers. — 5.-4644